本书系山东省教育科学"十四五"规划2021年度重点
视域下大学生创新创业价值观教育研究"（2021ZD036）阶段性研究成果

当代高校创新创业人才培养
理论与实践研究

卜德龙◎著

汕頭大學出版社

图书在版编目（CIP）数据

当代高校创新创业人才培养理论与实践研究 ／ 卜德龙著． -- 汕头：汕头大学出版社，2024. 8. -- ISBN 978-7-5658-5386-9

Ⅰ．G640

中国国家版本馆 CIP 数据核字第 2024NJ6782 号

当代高校创新创业人才培养理论与实践研究

DANGDAI GAOXIAO CHUANGXIN CHUANGYE RENCAI PEIYANG LILUN YU SHIJIAN YANJIU

著　　者：卜德龙

责任编辑：宋倩倩

责任技编：黄东生

封面设计：寒　露

出版发行：汕头大学出版社

　　　　　广东省汕头市大学路 243 号汕头大学校园内　　邮政编码：515063

电　　话：0754-82904613

印　　刷：河北万卷印刷有限公司

开　　本：710 mm×1000 mm　1/16

印　　张：14.75

字　　数：206 千字

版　　次：2024 年 8 月第 1 版

印　　次：2024 年 9 月第 1 次印刷

定　　价：88.00 元

ISBN 978-7-5658-5386-9

前　言

　　创新是引领发展的第一动力。在科技水平日益提高和全球化不断深入的今天，自主创新能力直接影响着一个国家未来的发展。创业是一种重要的创造性实践，是创新精神在实践领域的重要体现，也是创业者实现自我价值、创造更多社会价值的重要途径。

　　当今时代是知识经济时代。知识经济是以知识为基础、以脑力劳动为主体的经济，也是以创新为动力的经济。知识经济的兴起已经对经济增长方式、教育发展趋势等产生了深刻的影响。由于知识经济时代的驱动力已经不仅仅是资本驱动，更多的是知识驱动、创新驱动，当今经济领域的竞争已经不仅仅是传统的资本、能源、产品质量的竞争，更是知识、信息技术和创新型人才的竞争。知识经济的这一特征对人才培养的理念与模式产生了深远的影响。传统教育模式是一种以学生的被动接受为主要特征的教育模式，在这种模式下培养出来的许多学生缺乏主动意识，想象力不足，实践能力较差。而知识经济时代所需要的创新型人才，不但要有丰富而广博的知识基础，还要有较强烈的创业意识和创新精神，能够学以致用并拥有较强的实践能力，善于提出和解决新问题，等等。

　　党的二十大报告指出，教育、科技、人才是全面建设社会主义现代化国家的基础性、战略性支撑。必须坚持科技是第一生产力、人才是第一资源、创新是第一动力，深入实施科教兴国战略、人才强国战略、创新驱动发展战略，开辟发展新领域新赛道，不断塑造发展新动能新优势。

习近平总书记强调："发展是第一要务，人才是第一资源，创新是第一动力。"国家要强起来要靠创新，创新要靠人才。

大力培养创新创业型人才是时代之需，是国家之需，也是个人发展之需。近年来，我国高校广泛开展创新创业教育，取得了显著成效。但创新创业教育作为一门年轻的学科，理论研究和实践探索都有待进一步深化，创新创业人才培养仍然存在较大的可提升空间与研究价值。本书首先从创新创业人才培养的核心概念与理论支撑出发，对创新创业教育的内涵、意义及相关理论进行了详细的阐述，同时，梳理了我国高校创新创业人才培养的发展历程，总结对比了几种典型的创新创业人才培养模式，并探讨了我国高校创新创业人才培养体系的可优化空间。然后，本书分别从创新创业政策环境、创新创业文化环境及创新创业资源体系支撑三个方面分析了国内高校创新创业人才培养的优势，并在此基础上对高校创新创业人才培养的实践路径进行了全面研究，包括人才培养理念的更新、创新创业课程的优化、高水平师资队伍的打造、评价体系的构建及协同育人的推进等。最后，本书对于高校创新创业人才培养的保障机制进行了深入分析，力求为高校创新创业人才培养提供坚实的保障。

鉴于作者水平有限，书中难免存在一些不足，敬请各位同行及专家学者予以斧正。

作者

2024 年 7 月

目 录

第一章

高校创新创业人才培养概述

要研究高校创新创业人才培养，首先要明确创新、创业的概念、特征和类型；其次要对创新创业教育、高校人才培养及高校创新创业人才培养等有大概的了解，为后续研究打下基础。

第一节　创新与创业的概念、特征和类型

本节通过对"创新"与"创业"两个概念的分析，明确创新创业的具体内涵与特征，以及创新创业的类型，在此基础上逐步展开对创新创业人才培养的研究。

一、创新

（一）创新的概念

在英语中，表示创新的 innovation 一词起源于拉丁文，有三层含义：一是更新，即用新的事物替换原有的事物；二是创造，即创造出原本没有的事物，这些事物既包括物质层面的，也包括非物质层面的；三是改变，即对已经存在的事物进行改造或发展，赋予其新的内涵与新的特性。

从一般意义上来讲，"创新"一词指的是改变现状，创造出新的事物。创新的内涵涉及经济、政治、科技、文化、教育、艺术等人们生产生活实践的各个领域。创新既包含对旧事物的革新或者替代，也包含对新事物的创造。既有涉及技术性变化的创新，如科学技术创新、生产工艺创新、知识创新等，也有涉及非技术性变化的创新，如理论创新、组织创新、政策创新、管理创新等。无论何种形式的创新，都必须遵循价值性原则和发展性原则，即创新的成果必须具有价值，且能够给社会的发展带来正面的效益。否则，就不能称之为创新。

　　基于以上对创新的概念的相对全面的认识，本书研究的主要对象是高校创新创业人才培养。在新发展理念下，创新能力已经成为高素质人才必须具备的重要素质。这里所说的创新能力涵盖了所有物质与非物质领域。本书选择从广义的角度审视创新的概念，即在概念界定的过程中不将创新拘泥于经济领域，最终得出结论：创新即人类改造现实世界的创造性活动，既包括技术层面的创造性活动，也包括非技术层面的创造性活动，创新的主体是具有实践能力的人，创新的基本内容是创造出有价值的新事物。

（二）创新的特征

　　创新作为一种建立在实践基础上的创造性活动，普遍存在于各个时期人们的生产、生活之中。创新具有显著的特点，如图 1-1 所示。

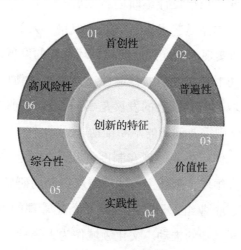

图 1-1　创新的特征

1. 首创性

　　创新作为一种创造性活动，首创性是其最根本的特点，也是其区别于其他实践活动的重要特征。"首创"即"第一个"。创新是一种创造前所未有的事物的过程，无论是技术创新、理论创新还是文化创新，创新的成果都应该是先前从未存在过的，或者是没有被人发现并挖掘出来的，是一种新突破和新发展，呈现出一种首创性。作为创新的首要特征，首创性主要有两方面的内涵：一是创造出前所未有的成果，二是赋予原有事物新的功能、内涵与特性。

2. 普遍性

创新的普遍性体现在其无处不在、无时不有上，人人具备创新潜力。创新的普遍性存在于人类生产生活的各个领域，贯穿人类发展的历史。

（1）创新无时不有。创新始终存在于人类漫长的历史之中，人类认识世界与改造世界的种种实践中都有创新的影子。从刀耕火种到农业机械化生产是农业生产技术不断创新发展的成果，从奴隶制社会到现代民主社会是社会制度与顶层设计不断创新发展的过程，从简单的原始图案到丰富多样的美术作品是艺术发展创新的成果。人类社会也正是在这一个个创新中，不断实现从量变到质变的循环往复的发展。

（2）创新无处不在。创新的普遍性还体现在创新广泛存在于人类生产生活的各个领域。人类社会的发展是不同领域共同作用的结果，这些领域实现新的发展则需要创新的不断推动。

在政治领域，创新主要体现在制度创新、政策创新以及发展理念创新等方面。在经济领域，创新主要体现在新产品的研发、新市场的开拓、生产方式的创新、企业组织形式的创新及企业管理的创新等方面。文化的发展同样离不开创新的推动。文化领域作为人类社会的重要组成部分，其发展同样是一个不断创新的过程。文化在交流的过程中传播，在继承的基础上发展。在这一过程中，处处都包含着文化创新的元素。

（3）人人具备创新潜力。创新的普遍性不仅表现在创新对象的普遍性上，还表现在创新主体的普遍性上，即每个具有实践能力的个体都具有潜在的创新能力，都可以进行创新性实践。人类社会的进步，不仅仅源于优秀科学家、文学家的推动，更是无数人类个体智慧的结晶。人们在日常的生产生活中为提升生产能力或提升生活质量，会进行创新性活动，这种创新性活动涉及人类生产生活的各个领域。

3. 价值性

价值性是创新的重要属性之一，是创新区别于其他不具备价值的创造性活动的最重要特点。创新并非单纯的求异，只有创新的成果具备价值，创新才有意义。在人类的生产生活实践中，不乏在精神领域以及物质领域的创造性实践，但并不是所有的创造性活动都是创新。比如，一些不符合人类历史发展规律的创造性活动，虽然也具有首创性的特点，但是不符合人类社会发展的规律，对于人类的发展并没有积极的促进作用，这种创造性活动就不能称为创新，而是一种失败的探索。

4. 实践性

创新还具有鲜明的实践性。创新本身就是一种创造性的实践活动，无论是理论创新还是技术创新，均无法脱离实践而展开，都是建立在实践的基础之上的。技术创新由于创新过程需要经过大量的实验与技术攻关，具有很强的实践性。而理论创新同样与实践紧密相关，这是因为理论创新多表现为一种认识的总结，而认识与实践的辩证关系则表明了实践对于理论的基础性作用。

5. 综合性

在创新的整个系统中，无论是创新的基础、创新的过程，还是创新的主体，都体现着综合性的特点。在创新的基础上，首先，创新需要以科学的理论为指导。成功的实践一般需要以科学的理论为指导，创新作为一种创造性的实践活动，更是如此。其次，创新需要以丰富的知识为前提。这同样是创新实践获得成功的必然要求。特别是在快速发展的今天，创新更需要各领域知识的融会贯通，人们如果把思想束缚在某一门课程的知识范围内就很难进行创新。在创新过程中，以产品创新为例，产品的创新是一个系统的工程，需要科学理论的指导、相关部门和企业的支持、开发者与生产者之间的密切配合、市场相关主体的充分协调等。在创新主体上，创新往往是团队协作的成果，特别是技术性的创新活动，往往难以靠一个人来完成。无论是技术性创新还是非技术性创新，都是众多人共同努力、多学科知识交叉融合及多种行业协调配合的成果，这是创新综合性的显著体现。

6. 高风险性

创新的高风险性是由创造性活动自身的不确定性所决定的。这种不确定性主要包括技术的不确定性、市场的不确定性以及政策与经济环境的不确定性。创新风险不同于现实中其他可以投保的风险，其不确定性不能用概率统计理论进行处理。

（三）创新的类型

创新是一个具有丰富内涵的概念，因此，其类型划分根据划分标准的不同有多种划分方式。若想深入认识创新的丰富内涵，就必须从不同角度观察创新活动，全面掌握不同类型的创新活动。创新的类型主要有以下几种，具体内容如图1-2所示。

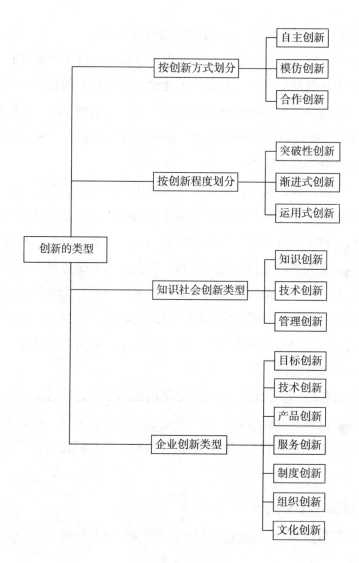

图 1-2　创新的类型

1. 按创新方式划分

按创新的主要方式进行划分，创新可以划分为自主创新、模仿创新与合作创新三种。这种划分方式将视角放在具体的创新战略和创新技术源之上，也是创新行为在经济领域基本的划分方式之一，因此，我们着

— 7 —

重从经济学的角度诠释这三种不同类型的创新方式。

（1）自主创新。自主创新指的是创新主体依赖自身所拥有的资源及具备的能力进行研究开发，实现技术攻关，并将技术创新转变为商品化的成果，最终获得新的市场效益的实践活动。自主创新最本质的特点就是"自主"，即创新实践中的知识、理论、技术及制度突破都是创新主体依靠自身的力量实现的。

（2）模仿创新。模仿创新就是通过模仿而进行的创新活动，在经济领域，指的是企业通过学习模仿其他企业的创新经验，引进或购买行业先进的核心技术，并对其进行改进与完善，进一步提高产品的性能与质量，获取商业利润的过程。模仿创新一般包括完全模仿创新和模仿后再创新两种形式。在当前的市场环境下，许多中小型企业因为自身能力以及资源条件的制约，通常会陷入需要通过创新推动自身发展却又难以承担创新的投入与风险的两难境地，这种情况下，模仿创新就成了中小型企业的一种理性选择。

（3）合作创新。合作创新指的是不同创新主体之间通过合作进行创新的行为，这种合作既可以是企业与企业之间的，也可以是企业、学校与科研机构之间的。合作创新的形式有很多，其共同特点就是创新主体的多元化。

2. 按创新程度划分

按创新程度划分，创新可以分为突破性创新、渐进式创新、运用式创新三种。

（1）突破性创新。突破性创新的特点是打破陈规、大步跃进。突破性创新以全新的技术、全新的模式或全新的理念代替旧的技术、模式或理念，其创新成果具有鲜明的首创性，与现有事物存在较大的不同。

（2）渐进式创新。渐进式创新与突破性创新的跃迁式的发展有着明显的不同，表现为连续的改良性创新活动，是一种从量变到质变的过程。

渐进式创新是一个长期的过程，强调对既有的理论、技术、制度及模式的优化与升级，这种创新会对现有的成果进行小幅度的改动，而不会在短时间内使创新对象的性质产生颠覆性变化。

（3）运用式创新。运用式创新与前两种创新方式有着显著的不同，它选择从横向视角观察事物，强调的是对于既有成果的开发与运用，而非改变原有事物的性质与功能。运用式创新广泛存在于我们的生产生活实践之中。比如，在生活中与我们形影不离的手机，其发展过程就包含了突破性创新、渐进式创新和运用式创新。

3. 知识社会创新类型

知识社会创新类型分为知识创新、技术创新两种。

（1）知识创新。知识创新是以科学研究为核心的创新行为，创新的目的是产生新的思想观念、新的概念范畴和新的理论学说，知识创新的主要作用是为人类认识世界与改造世界提供新的世界观与方法论。

（2）技术创新。技术创新指的是新技术的创造以及以科学技术知识及其创造的资源为基础的创新。前者指的是技术领域的创新，后者指的是以新技术为基础进行的商品与服务领域的创新。由此可见，技术创新的内涵主要包括两个方面，即开发新的技术和将已有技术进行应用创新。技术创新最为显著的作用是推动科学技术的进步与应用创新的良性互动，进而提升社会生产力的发展水平，促进社会经济的增长。

任何事物的发展都是在一定的环境中进行的，无论是知识创新还是技术创新，都离不开包括政策环境、工作环境、科研环境、文化环境、舆论环境等在内的创新环境。创新若想取得理想的效果，就离不开良好环境的支持，因此，作为一种重要的非技术性创新类型，管理的创新同样十分重要。[1]

---

[1]　杨爱华，梁朝辉，吴小林.企业管理概论[M].成都：电子科技大学出版社，2019：154-157.

4.企业创新类型

我们在研究大学生创新创业时，强调对大学生创新创业素质的培养和提升，帮助有创业意向的大学生进行自主创业。我们在这里所说的大学生创新创业的成果一般指的是企业，因此，我们还需要对于企业创新的类型进行深入的分析，因为企业创新是与大学生创新创业联系最为紧密的创新类型。企业创新的类型划分的主要依据是企业组织运行的各个要素，其具体内容如图 1-3 所示。

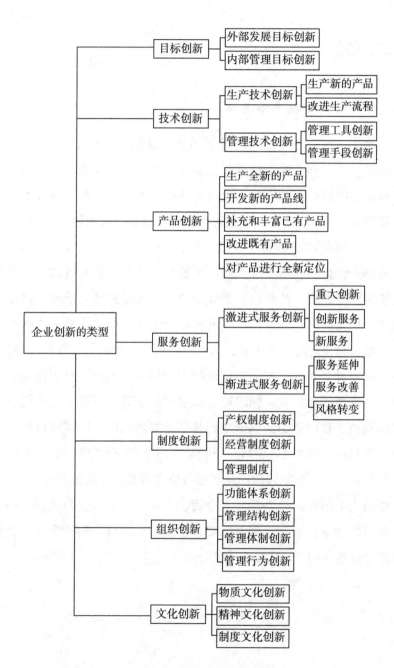

图 1-3　企业创新的类型

二、创业

（一）创业的概念和要素

创业这一概念具有悠久的发展历史，其原本的意思是始造、开创。在《辞海》中，创业的解释是开创基业。在《现代汉语词典（第7版）》中，创业的解释是创办事业。国内外学者关于创业的概念有着不同的论述，总的来说，学界对于创业概念的阐释主要有广义与狭义之分。

广义的创业指的是实现价值，开创事业，是一个价值创造的过程。广义的创业包含的领域十分广阔，无论是政治领域、经济领域、文化领域，还是军事领域，凡是对于个体来说具有开拓意义的活动，都可以称为创业。狭义的创业属于经济学的范畴，主要指的是人类主体以实现价值、获取利润为目的创办企业，为社会提供商业产品与服务的经济活动。本书的研究对象是大学生创新创业能力的培养，因此，对于创业的定义主要从经济学领域出发，同时结合广义的创业观点进行总结。综合不同学者的观点，我们认为，创业指的是个体或者团体，以实现价值或者谋求发展为目标，通过必要的时间和努力，充分把握机会，通过组建商业企业的形式，创造出新颖的产品和服务或实现其潜在价值的过程。

在明确了创业的概念后，为全面、深入地理解创业的内涵，还需要进一步分析创业的要素。创业的要素是指创业过程中的各个主体及影响创业活动的重要因子，主要包含以下几个方面，如图1-4所示。

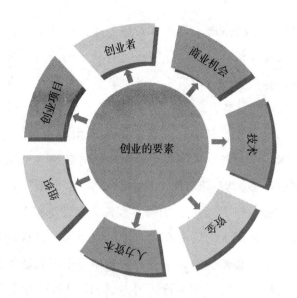

图 1-4　创业的要素

创业者是创业活动中最关键的因素，是创业活动的主体，在整个创业活动中居于核心地位，对于创业活动的成效起着决定性作用。创业者可以是个体，也可以是团队。创业者的规划、决策直接决定着创业的走向与成败，创业者自身的素质与能力是创业活动的最重要因素。

商业机会是创业活动中重要的组成因素。创业活动的重要核心之一就是对于商业机会的把握与挖掘，机会导向是创业活动显著的特点。商业机会对于创业活动具有显著的影响，因为其反映着市场的发展趋向。在精准把握商业机会的基础上开展创业活动，能够因势利导，使生产活动更加符合市场的需求，在激烈的市场竞争中取得先机，促成创业的成功。

技术是产品生产与服务提升的重要基础，是企业核心竞争力的体现。许多成功的创业实践都是以技术为支撑的。在知识经济时代，技术对于企业的重要性日益提升。因此，技术是创业活动重要的因素，需要引起创业者的重视。

资金是创业活动的基础。创业者若想创业，除了需要具备良好的创业素质与合适的商业机会之外，还需要具有充足的资金。任何创业活动都是需要前期资金投入的，没有资金的创业只能是空谈。资金获取的途径有很多种，国家为支持大学生创业，颁布了一系列资金支持政策。

对于创业活动来说，还有一个重要的基础构成要素，即人力资本。人是实践的主体，人力资本是创业活动的重要的资源。20 世纪 60 年代，美国经济学家西奥多·W. 舒尔茨（Theodore W. Schultz）和加里·S. 贝克尔（Gary S. Becker）创立了人力资本理论。该理论将资本划分为物质资本与人力资本，强调人力资本在生产中的重要性。在现代化的生产条件下，劳动生产率的大幅提升，正是人力资本不断增长的结果。如果不重视人力资本的投入，物理资本投入再多也无济于事。创业活动作为一种创新的生产组织的活动，更需要重视人力资本的重要作用。

作为创业成果的企业本身就是一个以谋取经济利益为目标的组织。可以说，组织既是企业的构成形式，也是创业活动的重要构成要素之一。组织是协调创业活动的系统，是创业的重要载体，也是资源整合的平台，创业活动的成功开展离不开组织的作用。

创业项目指创业者为了达到商业目的而具体实施和操作的创业内容。创业项目是创业的主体内容，是创业者对创业环境、创业机会、技术与资金进行综合研判之后确定的创业内容。创业项目是一系列创业活动要素的综合，成功的创业实践必须以符合市场发展规律的，符合创业者自身能力水平与实践条件的创业项目为基础。[①]

（二）创业的特点

创业不是一蹴而就的，而是一个系统的过程，从整体的角度观察创业活动，其具有一系列鲜明的特点，具体如下。

---

① 李变花，姬康. 创新创业基础 [M]. 北京：北京师范大学出版社，2020：10-16.

1. 创新性

"大众创业，万众创新"是我国重要的发展理念，这一理念体现了创新与创业之间的密切联系。创业本质上是一种创造性活动，创业的过程是一个从无到有的过程，同时，许多创业活动的创业动因是创业者掌握着新的技术或新的项目，这种创业一般属于自主创业，因此，创新性是创业活动的本质特点。创业活动创新性不但体现在创业的内容上，还体现在创业活动对于创业者来说是一种创新实践上。

2. 价值性

创业实践的各个环节和各个要素都体现着价值性。首先，创业是一个创造价值和创业者实现自我价值的过程，创业者能够通过创业实现自我价值。其次，创业的过程中会不断创造新的价值。最后，对于创业活动而言，成功的创业，其结果必然是有价值的；没有价值的创业成果是不会被市场和社会所接受的，这种创业是一种失败的创业尝试。因此，无论是创业主体、创业过程还是创业结果，都体现了创业活动的价值性，价值性是创业活动的重要特点之一。

3. 利益性

利益性同样体现在创业实践的各个环节之中，实现利益既是创业的动机，也是创业的目的与意义。创业者是为了各种不同的利益而开展创业实践的，在创业过程中，促使不同要素凝聚在一起、协调配合的因素也是利益，因此，利益性是创业的重要特点。

4. 艰苦性

创业的道路并非一帆风顺的，绝大多数创业活动是一个长期的、艰苦的过程，特别是对于一些白手起家的创业者来说更是如此。创业者往往需要经过多年的艰苦奋斗，付出大量的时间与精力，克服无数艰难险阻，为创业活动倾注大量的心血，才能实现成功创业。

（1）创业是一个漫长的过程。创业是一个相对漫长的过程，绝大多数成功的创业都经历了漫长的起步和发展阶段。由于创业活动是一种从头开始组建生产组织系统的活动，若想实现从无到有，无论是资金的筹集、组织的构建、人才的招募、市场的调研，还是企业的长期发展、产品的生产与推广、企业战略的调整等环节都需要创业者身体力行，因此创业一般需要耗费大量的时间，需要创业者有充分的思想准备。创业不仅仅是创办企业，还要保证企业能够良好地运转，因此，创业不是一蹴而就的，而是一个漫长的过程，需要创业者有耐心，有恒心，有信心。

（2）创业是一个艰难的过程。创业的过程不仅漫长，而且其中充满艰难险阻。作为一种创造性的实践活动，创业具有的较大的风险性，面临着许多意想不到的困难和变数，自主创业更是如此。特别是对于一些新兴领域的创业活动来说，由于缺乏足够的经验指导，更是需要创业者摸着石头过河。创业过程中的各个环节都需要创业者付出巨大的努力才能实现。

5. 风险性

创业风险主要分为主观风险与客观风险两大类型。主观风险主要指的是创业主体自身为创业实践带来的风险，客观风险则指的是创业活动的一切外部影响因素所带来的风险。总而言之，创业风险是由创业活动有关因素的不确定性所导致的，因此，创业风险的来源有很多，它主要分为决策风险、市场风险、政策风险、经营风险、财务风险、技术风险与人力资源风险等。[①]

（三）创业的类型

1. 按创业主体划分

按创业主体划分，创业可以分为自主创业、公司创业、社会创业。

---

① 叶文振. 大学生创业导论 [M]. 厦门：厦门大学出版社，2015：14-15.

（1）自主创业。自主创业的主体是白手起家的创业者或创业团队。自主创业指的是创业者个人或者创业团队白手起家，依靠自身力量开展的创业活动。自主创业的动机相对较多，且因人而异。

自主创业的显著特点是，在自主创业的整个过程中，无论是计划的制订还是决策的执行，创业者均具有很强的自主性。与就业相比，自主创业给予了创业者实现自己的想法、发挥创造力、独立主动地控制工作环境和进行决策的机会以及获得无限收益的潜力，但也使得创业者面临着工作不定时、收益不稳定、责任更加重大、需时刻学习以解决新问题等挑战。

（2）公司创业。公司创业指的是公司为谋求进一步发展、拓展市场和提升市场竞争力而进行的生产方式、生产结构或组织结构更新的过程。与自主创业相比，公司创业有以下特点。

第一，公司创业的主体是已建立的公司，尤其是处于成熟期的大中型公司。创业行为可发生在公司的各个层面，既包括由高层管理团队倡导的创业行为，也包括发生在各类基层部门的自发创业行为。

第二，公司创业行为既可以发生在组织内部，如开发新产品、新服务，应用新技术、新管理技能，开发新战略、新市场和新的竞争方式等；又可以发生在组织外部，如以战略联盟、并购、分包、建立子公司等方式，采用独立事业单位的结构来组合并配置新的资源，从而开发不同于母公司目前业务的创业活动。这些创新行为通过组织而非个人力量转化为公司绩效。

第三，与个体创业主要寻求外部资源不同，公司创业更侧重公司内部资源的配置与利用，以及与外部资源产生"新的组合"。

第四，公司创业活动容易受到公司内部各种规则、程序、制度及政策的影响，削弱创业者对创业活动的影响力和控制力，并对组织决策形成较强依赖。

（3）社会创业。社会创业指的是将商业运作机制引入社会组织或者团体，使这些组织或者团体借助市场的力量解决社会问题或满足社会需求的过程。社会创业的显著特点是追求社会价值与经济价值双重目标。

2. 按创业动机划分

按创业动机划分，创业可以分为机会型创业、生存型创业。

（1）机会型创业。机会型创业指的是为了抓住和利用商业机会而开展的创业活动。机会型创业是创业者在感知到创业机会的情况下，主动、自愿地组织资源对商业机会进行开发的过程，是一种主动性非常强的创业类型。

机会型创业的创业者普遍具有其他发展途径，但是其希望通过创业实现自身的价值，或通过创业获取更多的经济利益，于是在识别与把握商业机会的前提下，主动、自愿地选择了创业，显示出自身的主动性。

（2）生存型创业。生存型创业是一种相对比较被动的创业方式，指的是创业者在缺少其他发展路径，或对其他就业选择不满意的情况下，为了谋生而被迫选择创业的道路。生存型创业多是在现有的商业环境中寻找适合自己的创业机会，一般缺乏创新性，不能为市场创造新的需求，大多属于尾随型和模仿型创业。

3. 按创业基础划分

按创业基础划分，创业可以分为创新创业、脱胎创业、二次创业。

（1）创新创业。从创业基础的角度出发，创新创业也叫自主创业或独立创业，是创业者通过把握商业机会，独立自主地组织各种资源进行创业的过程。由于这种创业形式的主体一般是白手起家或创业经验较少的个人或团体，因此创业的风险相对较大。同时，由于这种类型的创业为创业者带来的收益和成就感最大，因此，它受到许多创业者的青睐。

（2）脱胎创业。脱胎创业又称母体脱离创业，指的是企业内部掌握一定资源的人员，在脱离原企业后，通过自己掌握的资源重新创立一家企业的创业行为。这种创业类型的典型特点是创业者普遍具有较高的创业素质，拥有创业所需的专业知识、经验和关系网络。脱胎创业的企业，生产的产品或提供的服务一般与原企业类似。

（3）二次创业。二次创业主要包含企业内部创业与再创业两种类型，指的是企业根据自身发展的需要以及市场的变化，创立新的业务部门甚至创立新的企业或者对经营模式进行转型升级等。有的企业为了进一步拓展市场，提升自身的市场竞争力，会主动寻求新的商机，进行二次创业。而有的企业则是由于自身的生产经营模式不再适应行业的发展和市场的需求，因此被迫进行二次创业，进行转型升级，寻找新的发展机会。①

4. 按创业方向或风险划分

按创业方向或风险划分，创业可以分为依附型创业、尾随型创业、独创型创业、对抗型创业。

（1）依附型创业。依附型创业是一种依附于大型企业或相对成熟的产业链而开展的创业活动。这种类型的创业主要有两种形式：一是为企业或者行业提供相关配套的服务，如一些代加工企业，或者专门为某企业生产零配件的企业。二是通过取得特许经营权而进行的创业活动，如加盟合作。依附型创业是经济全球化不断加深与市场化不断发展的产物，充分利用了生产分工不断细化的发展潮流。依附型创业由于依托的是发展相对成熟的企业和产业链，因此风险较低，同样，利润相对较小。

（2）尾随型创业。尾随型创业即模仿他人的商业行为进行创业。这种创业模式主要有以下两个显著的特点：一是循序渐进，短期求生存，长期求发展，即维系企业平稳运转是创业初期的主要目标，随着学习到的经验逐渐增多，再寻求更进一步的发展。二是在市场中拾遗补阙，即不求独自承揽全部业务，只求在行业中分得一杯羹。这种创业模式同样具有风险小、利润小的特点。因为采用这种创业模式的创业者属于后发

---

① 李变花，姬康.创新创业基础 [M].北京：北京师范大学出版社，2020：18-19.

者，所以有成熟的发展经验可以借鉴，但缺点是市场已经被先发创业者占据，若想凭借后发优势实现后来居上，则需要付出更多的努力。

（3）独创型创业。独创型创业的特点是其生产出的产品或者提供的服务能够填补市场的空白，这种类型创业的特点是通过对产品和服务的内容或形式进行创新，为消费者提供全新的服务。独创型创业能够填补市场的空白，因此成功的创业实践能够获取较高的利润，且有机会凭借先发优势将行业发展的主动权牢牢掌握在自己手中，但缺点是风险相对较高。

（4）对抗型创业。对抗型创业，顾名思义，指的是进入其他企业已经形成垄断地位，或者行业中存在大量强劲竞争对手的市场展开创业。这种类型的创业迎难而上，风险最高，需要创业者知己知彼，善于抓住商业机遇，能够充分发挥自身的优势。由于对抗型创业一般瞄准的是发展情况良好或发展潜力巨大的市场，因此，成功的创业实践也会为创业者带来丰厚的回报。

第二节　创新创业与创新创业教育

在明确了"创新"与"创业"的内涵后，我们还需要针对"创新创业""创新创业教育"的内涵进行进一步分析，了解何谓高校创新创业教育，以此为基础对高校创新创业人才培养形成基础性认知。

一、创新创业

"大众创业、万众创新"（以下简称"双创"）的理念最早于 2014 年 9 月在夏季达沃斯论坛上提出，并在首届世界互联网大会、国务院常务会议和 2015 年《政府工作报告》中被频频提及，专家和学者也对其进行了深入的研究。2018 年 9 月 18 日，《国务院关于推动创新创业高质量发展打造"双创"升级版的意见》下发，国家政策与社会力量的共同推动，使得"双创"逐渐深入人心，"双创"人才的培养也逐渐受到社会各界的重视。作为专业知识、技能教学与人才综合素质提升的重要环节，高等教育越发重视大学生创新创业能力的培养。

二、创新创业教育

（一）创新教育

创新教育的概念有广义与狭义之分。狭义的创新教育指的是针对具体的创新技巧、创新方法、创新思维进行的教学和训练，以多层面培养具备创新精神、理念、素养、人格和创造能力的创新人才为目标的教育活动。狭义的创新教育关注的是创新活动本身，即学生具体创新思维的训练与创新能力的提升，具有较强的针对性。广义的创新教育更类似于一种教育理念，即将创新的理念融入各专业各学科日常的教育中，重视对受教育者创新意识与创新素养的培养与提升，重视开发受教育者的创新潜能。广义的创新教育是相对于传统的、守旧的、填鸭式的教育模式而言的。

在高等教育中，我们更倾向从狭义与广义相结合的角度对创新教育进行理解，即创新教育就是培养和提升学生对于自身所掌握知识的灵活运用能力，培养和提升学生充分利用理论知识解决实践问题的能力，激发学生的创造潜能等一系列教育活动。这些教育活动既包括具体创新案例与创新技法的教学，也包括日常学习中创新精神的融入。

中国特色社会主义进入新时代，创新成为社会发展的首要驱动力，人才成为推进国家发展的重要因素。因此，培养和提升人才的创新素质，对于新时代中国特色社会主义的建设来说十分重要。高校作为人才培养的重要基地，是受教育者获取专业知识、专业能力，提升综合素养的重要场所，承担着新时代创新人才培养的重任。

（二）创业教育

1998 年，联合国教育、科学及文化组织在世界高等教育会议上提出了 21 世纪的高等教育不应只局限于学术教育与职业教育，还应该重视对青年学生展开创业教育，创业教育也是在这时被提出的。

与创新教育一样，创业教育的概念也有广义与狭义之分。狭义的创业教育指的是培养人们具体的创业素质，包括创业各个环节的具体知识与技能，如项目评估与融资、商业机会的识别与把握、创业计划书的编写、创业团队的组建与管理、运营系统的设计等。狭义的创业教育就是培养受教育者成为创业者的过程，其教育内容针对的是创业实践活动所必需的精神、意识知识与能力等。

广义的创业教育对应创业的广义概念，指的是培养具有开创性品质与个性的人才。其教育目标是不仅要使人才具备相对完善的专业知识与技能结构，还要使人才具备首创思维、创业精神、进取精神、冒险精神等精神品质以及积极向上、坚韧不拔的心理品质。当然，广义的创业同样包括狭义创业的相关内容，即具体的创业实践所需的各项知识与能力。

在高校人才培养中，创业教育是将素质教育与创业教育相融合、凝练，培养学生的心理意识、个性品质、专业知识和创业技能，并具有独特功能和体系的全方位的系统整合性教育活动。

（三）创新创业教育

"双创"中的创新与创业都是广义的含义，其目的是提升人民群众的创新创业素质，为新时代中国特色社会主义建设凝聚力量。在高校人才培养中，创新创业教育就是创新教育与创业教育的有机结合；在人才培养实践中，创新教育与创业教育是相互促进、不可分离的一对教育理念，二者在人才培养方面的价值取向目标一致，均是培养受教育者的创新精神与实践能力，均重视人才综合素质的提升。创新教育以开创性行为的培养为最终的目标，创业教育则以创新思维与创新能力的培养为本质和核心。

尽管创新教育与创业教育两种教育理念的提出与付诸实践的时间不同，但在新时代中国特色社会主义建设的大背景下，在"双创"发展理念的推动下，在推动高等教育改革、提高人才培养质量的现实需求下，两者有机融为一体，形成创新创业教育的概念，成为当前我国高等教育人才培养的重要环节。

第三节　人才培养与创新创业人才培养

人才是促进新时代中国特色社会主义建设的关键因素，各行各业的发展都离不开人才的这一重要资源。国民素质、人才数量、人才的素质结构直接关系到国家未来的发展。人才培养的实践活动对新时代中国特色社会主义建设起着重要的推动作用。因此，人才培养不仅要求人人享有平等的受教育的权利、社会总体教育水平不断提升，还要求人才的培养与新时代中国特色社会主义建设相呼应。

高校是人才培养的主阵地。高校人才培养的核心是提升教育质量，促进人才的全面发展。新时代，高校要积极应对科学技术进步、经济社会发展、教育理念更新及高校教育改革所带来的新问题和一系列挑战，增强改革的使命感和责任感，不断提高人才培养质量，深化人才培养模式的改革，在教育强国、人才强国建设中发挥重要作用。

一、人才培养

（一）人才培养的主要任务

高校人才培养的主要任务主要涉及以下几方面的内容：

（1）人才培养理念的提出与确立。

（2）人才培养目标的确定。

（3）人才培养对象的确定。

（4）开发人才培养的主体。

（5）确定人才培养的途径与方法。

（6）人才培养过程的优化。

（7）人才培养体系的健全。

（8）人才培养机制的完善。

由此可见，高校人才培养并非不同类型教学活动的简单相加，而是一个复杂的系统，是一个整体的工程，其中包括理念、对象、目标、方法、途径、模式、制度等要素。人才培养在理念层面需要解答"人才应该具备怎样的素质""为谁培养人才""如何培养人才"等问题，在实践层面需要呈现出人才培养的具体模式、方法以及相关的支持和保障体系。

（二）人才培养的理念

我们若想对人才培养的内涵有深入的认识，就需要从人才培养的理念、主体和目标入手对人才培养的内涵进行全面的分析。人才培养的理念主要可以从国家层面、社会层面及高校层面等三个不同的层面来理解。

1. 国家层面的人才培养理念

国家层面的人才培养理念指的是国家对于人才培养的功能与社会价值及人才培养生态、人才培养活动管理，以及包含领导机制、管理体制、教育政策和方针、舆论引导、预算投入等方面的认知。国家重视人才培养的社会效益，当前，我国人才培养主要目标是为新时代中国特色社会主义建设提供足够的人才支撑。

2. 高校层面的人才培养理念

高校层面的人才培养理念同样重视社会效益，主要体现在高校教育与管理的各个环节的理念之中，如办学理念、教学理念、教师观、学生观、质量观、科研理念、人才培养评价理念等。高校层面的人才培养理念既受国家层面教育理念与教育发展所带来的人才培养理念变革的影响，也受高校主体的思想认识和客观条件的影响。

3. 社会层面的人才培养理念

在社会层面，企业、社会组织、教育机构是人才培养的主体，社会层面的人才培养理念的特点是同时强调社会效益与经济效益。少部分不以营利为目的的社会组织在进行人才培养时更加注重社会效益；而大部分企业及教育机构的人才培养理念则是既重视人才自身的发展，也注重人才培养所能够带来的实际经济效益。

（三）人才培养的主体

人才培养的主体指的是人才由谁来培养。人才培养的主体主要包括学校与不同类型的社会组织、团体。本书研究的重点是高校创新创业人才培养，因此，我们重点考察的是"高校"这一人才培养的主体。

根据教学环节的不同，人才培养的主体还可以进行更细致的划分，高校人才培养的主体主要包括高校人才培养活动的设计者、组织者和实施者。其中，高校本身是人才培养的设计主体，院系是人才培养的组织主体，教师则是人才培养的实施主体。

作为人才培养设计主体的高校，其主要的任务是组织教学资源，制定人才培养的总体规划，提供教学设施，为人才培养打造良好的教育环境。高校在我国的人才培养中占据着相当重要的地位，因为高等教育是学生知识与技能体系形成的主要环节，是学生从课堂迈入社会的关键过渡阶段。高校作为高等教育人才培养的绝对主体，承担着为新时代中国特色社会主义建设培养高素质人才的重任。

院系是人才培养的组织主体，我国高等教育的基本组织方式是以院系、专业为区分开展教育，因此，高校人才培养与教育教学活动的组织安排具体是由各院系来负责的。不同院系下属一系列相近的专业，便于教学的安排，也便于对学生进行管理。

教师与导师的主体作用体现在具体的教育教学实践中，教师作为课程教学的主导者，在人才培养的过程中发挥着不可替代的作用，因此，教师与导师是人才培养活动的实施主体。

随着教育实践的发展，教育理念不断更新，在现代教育理念中，教育教学还有一个重要的主体——学生。学生是教学活动的主体，高校人才培养的重要目标之一就是促进学生的全面发展。重视学生在教学活动中的主体地位也是以人为本教育观的体现。学生的主体性主要通过对学习内容的自主选择、学习时间的自主性、学习方法的多样性、学习过程的创新性和探索性等方面表现出来。

（四）人才培养体系

人才培养体系指的是整个人才培养的系统，包含人才培养目标、人才培养途径、人才培养模式、人才培养制度和人才培养实施等。

人才培养的目标是人才培养内涵重要的组成部分之一，是人才培养内涵最直接的体现。人才培养目标旨在说明具体培养什么类型的人才，如研究型人才、应用型人才、通才型人才、专门型人才、创新型人才等。人才培养目标为整个人才培养实践提供了方向，奠定了人才培养的总基调。人才培养实践中的各个环节，包括人才培养方案的制订、人才培养模式的选择、课程的开设、教学方法的运用、人才培养评价体系的完善等都需要围绕人才培养目标展开。

人才培养途径指的是通过什么样的方式、借助哪些工具开展人才培养，如课堂教学、实践教学、工学结合、社会实践、科学研究等。人才培养途径强调的是认识与实践活动之间的关系，关注的重点是人才培养所采取的方式方法。

人才培养模式指的是在人才培养的过程中，人才培养主体采取什么模式去实现人才培养的目标。人才培养模式是对教育教学过程的设计与建构，包含教育工作者在人才培养的各个环节中采取什么样的形式、依据什么样的程序及如何安排教育教学活动等问题。

制度的含义是大家共同遵守的办事规程或行动准则。人才培养制度指的是用什么样的规则去规范人才培养工作，它在高校制度中处于核心的位置，是高校人才培养预期目标实现的重要保障。高校人才培养制度有狭义与广义之分。狭义的人才培养制度是对人才培养的各个环节所进行的规范，与人才培养的具体过程息息相关，包含高校人才培养过程中的相关规定、具体程序和实施体系等，如专业与课程设置制度、教学管理制度、日常生活管理制度、学分制度、实习制度等。广义的人才培养制度关注的则是高校整体的人才培养过程，规范着高等教育阶段学生成长与发展的总流程，主要包括招生制度、教学制度、考试制度、就业制度等。

人才培养实施强调的则是人才培养理念、人才培养模式、人才培养途径及人才培养制度的具体落实情况。实践是检验真理的唯一标准，人才培养模式合不合适，只有付诸实践才能证明，反过来说，科学的人才培养模式与人才培养理念也正是从教育教学实践中总结而来的。因此，人才培养的具体实施在人才培养体系中占据着十分重要的地位，教育工作者必须正确地将理论落实到实践之中，同时，在实践中总结新的经验，不断调整与优化人才培养的上层建筑。

二、创新创业人才培养

（一）创新创业人才的概念

对于该如何定义创新创业人才，国内外学者一直存有争议，尚未达成共识。郁震等认为"创新创业人才是具有创新意识、创新创业能力、企业家思维以及技术和管理技能的复合人才"[1]。吴红霞等从创新素质与创业能力兼备的视角，提出创新创业人才要有创新创业意识、能力和综合知识等素质。[2] 王春香认为"创新创业人才是指具有创新创业人格、意识和能力的人才"[3]。张福利等认为"创新创业型人才是指具有首创精神和冒险精神，具备创业能力、独立工作能力以及技术、社交、管理技能的开

---

[1] 郁震，高伟，陈颖辉.我国高校 PBL 创新创业型人才培养模式之初探 [J].中国青年科技，2008(1)：47-52.

[2] 吴红霞，刘雪芹，蔡文柳.基于模糊综合评价的高校 创新创业型人才培养质量评价 [J].华北理工大学学报（社会科学版），2017(1)：125-129.

[3] 王春香.辅导员在培养创新创业人才中的定位和作用研究 [D].成都：西华大学，2020.

创性人才"①。

还有学者指出："创新创业人才是建立在人的全面发展基础之上，不仅要有创新精神、冒险意识和强烈的好奇心，还要有强烈的社会责任感、高尚的职业道德和较强的团队协作能力，并对社会经济发展作出贡献的人。"②

本书认为，高校要培养的创新创业人才是具有创新精神、创业意识和创新能力，能够将理论知识运用于创新创业实践，既能创造个人价值又能创造社会价值的人才。

（二）影响创新创业人才培养的因素分析

1.内部因素

（1）高校教师。教师是高等教育的实施主体，是教学活动最直接的实践者，在实践教学中发挥着主导作用。教师的主要任务包括：进行教育教学活动、从事科学研究、指导学生实践、进行学术交流、指导学生的学习与发展等。教师作为知识的传授者与传播者，其个人素质对于高校人才的培养具有重要的影响，教师的知识结构与实践能力直接影响着课堂教学与实践教学的质量。虽然在现代教育理念中，学生的主体地位不断提升，高校也越发注重在教学过程中充分发挥学生的主体作用，但是学生的知识储备、认知水平以及对于知识的理解能力毕竟处于成长之中，作为知识传授者的教师在人才培养过程中的作用仍然是不可替代的。

在教学过程中，教师最本职的工作是传道、授业、解惑，即传授、讲解知识，解答学生在学习过程中的困惑，促进学生综合素质的全面提

---

① 张福利，郭文娟，韩美凤.创新创业型人才培养体系研究 [J].中国大学生就业，2018(1)：34-36，43.
② 韩宏伟.我国高等体育院校创新创业人才培养体系研究 [D].上海：上海体育学院，2024.

升。同时，教师承担着学生管理、教学监督及教学评价等责任。在高校人才培养之中，教师不仅仅是教育者，还是管理者，要对学生的整个学习过程进行管理与监督。教师要及时发现学生在学习与生活中遇到的问题，关注学生的状态变化，并采用科学的方法予以解决。教师还要对教学活动进行评价，发现教学过程中存在的问题，及时调整与优化教学方法，提升教学水平。

（2）大学生。大学生无疑是高校人才培养系统中最为重要的组成要素，高校人才培养的最终目标是促进大学生的全面发展，大学生既是高校人才培养的对象，也是高等教育的关键实践主体。

大学生是有着巨大发展潜力的独特个体，其作为受教育者和知识需求的主体，高等教育是其实现自身发展的重要环节，因此，其对于高校的教育水平与教育质量有着较高的期望与需求。从高校的角度来看，大学生对知识与技能的掌握情况以及自身综合素质的发展情况直接体现着高校的教学水平与教育质量。从国家与社会的角度来看，大学生是未来各行各业的中坚，是未来社会发展进步的重要推动力量，是新时代中国特色社会主义建设的重要参与者，因此，大学生的教育直接关系到国家未来的发展。

（3）高校管理者。高校人才培养是一个完整、复杂的系统，不仅包括教学活动，还包括一系列的管理活动，无论是教学活动还是管理活动，都离不开高校管理者。我们这里所说的高校管理者指的是高等教育机构的具体管理和经办者，其受举办者的委托，全面负责高校的相关管理工作，其主要任务包括制定培养目标和方针、确定学科发展方向、确立人才培养的标准等。高校管理者是高校人才培养系统中重要的组成要素，其管理行为对于高校的教育质量及人才培养成效具有十分重要的影响。

（4）物质与精神条件。物质与精神条件指的是高校能够为学生提供的各种软硬件资源。高校人才培养若想取得理想的效果，就必须依托良好的物质条件与精神条件。物质条件主要包括教学设施、生活设施、师资队伍、教育资源、科研条件等。精神条件主要包括办学理念、教育理念、校风校纪、美育氛围等。物质与精神条件是高校人才培养的重要基础和前提，直接关系到高校人才培养的质量。

2. 外部因素

（1）政策因素。我们日常的生产生活实践受政策因素影响较大，高校人才培养作为一种教育实践，自然也是如此。政策因素包括教育政策、就业政策、激励政策等。人才培养的科学化开展离不开政策因素的推动、支持与规范，科学的认识对于实践具有良好的指导作用，而对人才培养领域的科学认识反映在国家层面上就是一系列的人才培养政策。

政策具有导向作用、保障作用及规范作用。

首先，政策能够为高校人才培养提供方向指导。国家人才培养政策的制定是基于国家发展实践及市场人才结构的，其站位更高、更具科学性，能够指明高校人才培养的正确方向，使高校培养出的人才的知识与技能结构能够满足新时代中国特色社会主义建设的需求。

其次，政策能够为高校人才培养提供保障。高校人才培养重视的是社会效益而非经济效益，而高素质人才的培养毫无疑问需要大量的资源投入，这就需要政府以政策的形式提供资金、技术、师资、环境等方面的支持，为高校人才培养奠定坚实的基础。

最后，政策能够对高校人才培养活动起到规范作用。人才培养若是没有规范的约束，就难以保证沿着预想的道路进行下去。高校人才培养是一个复杂的运行系统，其中涉及诸多主体与若干环节，若想有效协调各个主体之间的关系，保证各个环节稳定有序地运行，就离不开政策的规范。

（2）社会因素。社会因素主要指的是市场发展状况、经济结构、就业形势等。社会经济发展情况与经济结构决定了不同行业的发展状况，并进一步影响着各行各业对于人才的需求状况，而就业形势对于高校人才培养则具有更为直接的影响。这是因为高校人才培养的重要目标就包括为社会发展源源不断地提供高素质人才，以及为大学生提供更多的就业机会，帮助大学生更好地实现学校与社会的衔接。

高校人才培养计划要有明确的目标指向，要以促进大学生的全面发展为根本目标，以提升大学生的专业能力与综合素质，促进大学生就业，使大学生拥有一个更好的未来。若想实现这一目标，高校人才培养，特别是应用型人才培养，就需要以就业为导向，根据行业需求对大学生进行针对性培养，使大学生的知识与技能体系符合行业的需求。

高校创新创业人才培养受社会因素影响更为显著，创新创业的动机是对商业机会的把握，商业机会来源于社会发展实践。高校创新创业人才培养同样需要社会力量的参与，因此，社会因素是高校创新创业人才培养的重要组成因素。

由此可见，以经济发展与行业结构为代表的社会因素对于高校人才培养具有十分重要的影响，高校开展人才培养，不仅需要使教育教学的内容符合学生发展的需求与教育的一般规律，还要保证人才培养符合社会发展的需求，符合行业对于人才的需求。可以说，社会因素同样是高校创新创业人才培养的重要因素。

三、高校创新创业人才培养的意义

（一）社会层面的意义

1. 促进经济结构转型

创新是引领发展的第一动力。当前，我国的经济发展已经步入一个新的阶段，旧的发展模式已经不适应新时代的发展需求，这就要求我们抓住机遇，扎实推进经济结构调整与转型升级，以顺应当前经济发展的新形势与新需求。

创业不仅是个体实现自我价值的过程，还是一个对各种资源进行优化整合，进而创造出更大经济价值或社会价值的过程。创业本身具有创新性与价值性，成功的创业具有较强的价值创造能力，而创新性较强的创业则是在敏锐把握商业机遇前提下的一种新尝试，一般表现为创新型创业或独创型创业，这种类型的企业无论在经营模式上还是在经营内容上都是相对新颖的，因此，能为市场注入新的活力，同时带动相关产业的发展。

当然，创业活动并不一定是开辟蓝海市场的过程，特别是对于大学生创业者来说，由于其经验较少、资金缺乏，为了减少创业风险，提升创业的成功率，他们会选择模仿型创业、依附型创业或者尾随型创业。这些创业方式虽然不具有首创意义，但是绝大部分成功的创业实践都是发生在发展趋势良好或者潜力巨大的行业之中的，这些行业大多是新兴行业，对于经济结构调整与转型升级具有重要的促进意义。创业对于行业的发展具有显著的推动作用，因此，鼓励大学生创业，能够促进新兴行业的发展，进而助力区域经济结构转型升级。

2. 推动国家经济发展

创新创业对于国家和社会发展的首要推动作用体现在促进国家经济发展方面。研究表明，某一区域内创新创业的活跃程度与该区域的经济繁荣程度呈正相关的关系，尤其是区域内创新创业活动对于区域未来几年的发展具有明显的促进作用。

创新创业的直接成果就是使区域内中小型企业的数量显著增加，进而为区域经济发展注入新的活力，带动区域产业的发展，促进区域经济的增长。在我国，"双创"催生了中小型企业的迅速崛起，对我国经济持续高速增长、社会主义现代化建设起到了重要的作用。

3. 增加社会就业机会

增加企业，尤其是中小型企业的数量，是当今世界各国缓解社会就业压力，实现充分就业的主要渠道，我国自然也不例外。

增加就业对提高收入水平、推进经济发展、保障劳动者的劳动权利都具有重大意义。增加就业是减少贫困、改善收入分配状况的最有效的策略。每个家庭或个人的收入水平取决于其所拥有的生产要素的报酬。在各种生产要素中，劳动是分布最广泛、最均匀的生产要素。绝大部分人没有资本、土地，只能靠劳动来取得收入，失去就业机会对劳动者意味着失去了最主要的收入来源，将直接导致贫困。失业率上升，将导致贫困人口增加和贫富差距加剧，还会导致一系列社会问题的出现。

促进创业是增加就业的有效途径，创业不仅能解决创业者个人的就业问题，成功的创业实践还能为社会提供更多的就业岗位，有效带动就业。

4. 促进国家科技发展

知识经济是高科技的发展促成的，是创新的结果。以信息技术、生物技术、先进制造技术、先进环保技术、新材料技术和新能源技术为代表的高科技领域，集中体现了人类创新能力开发带来的创业成果，冲击着传统的生产方式和产业结构，使人类的生产生活产生了革命性的变化，把社会生产力推到一个前所未有的高度。知识经济又推动高科技的不断创新和科技产业的不断发展。

目前，人类社会的技术革命正在从第三次技术革命逐步转向以新材料技术、新能源技术等的广泛应用为主要标志的更高的发展阶段。从技术发明、技术改良到终端产品的创新发明与规模化生产，周期越来越短，更新频率越来越快。这在客观上对传统生产方式形成巨大冲击的同时，为掌握高新知识与高新技术的大学生提供了很好的创业环境，成为大学生端正创业观念、寻找机会的必备要素之一。

（二）个体层面的意义

1. 有助于大学生实现个人价值

国家大力提倡"双创"，大学生作为社会最具活力与创造力的高素质人群，是国家未来发展的希望，更应该具备较强的创新创业素质，以及将自己的知识转化为创造价值的能力。高校创新创业教育最直接的作用就是培养和提升大学生的创新创业能力，使大学生通过自主创新创业，不断超越自我，实现个人价值。

2. 有助于提高大学生的综合素质

在全球化条件下，我国人力资源市场竞争日益激烈。企业招聘大学生，既要看毕业学校，也要看大学生实践经验，实践能力水平的高低成为用人单位选贤任能的重要标准之一。大学生可以通过自主创业这一平台提高自己的实践能力，积累更多实践的经验以及社会经验，提前为毕业后进入理想的公司打好基础。通过专业知识与创业实践相结合，提升大学生的创业能力，对提高大学生综合素质和高等教育整体水平而言，无疑是最佳的途径。大学毕业生通过自主创业，可以把自己的兴趣与职业紧密结合，做自己最感兴趣、最愿意做和自己认为最值得做的事情，在五彩缤纷的社会舞台中大显身手，最大限度地发挥自己的才能。

3. 有助于缓解大学生就业压力

我们在前面提到，创业能够增加社会就业机会，对于大学生创业者来说，创业也是解决其本身就业问题的一个有效途径。大学生在迈出校门后，首先面对的就是就业问题。当前我国的大学生面临着一定的就业压力，这种就业压力来自岗位和自身的求职意向之间的偏差，有一部分大学生无法进入自己喜欢的行业，或者自身条件不符合意向岗位的需求，这就会难以避免地产生就业问题。

加强对于大学生创新创业的教育，鼓励大学生进行创业，可以为大学生的职业生涯提供新的选择。首先，创业的内容一般是符合大学生个人兴趣的。创业是一种主动性较强的行为，选择创业的大学生普遍对于创业的内容和创业行为本身具有浓厚的兴趣，因此，在创业的过程中，大学生普遍会以积极的态度展开工作。其次，创业是许多的大学生实现自我价值的有效途径，成功的创业实践不仅能为大学生带来财富，还能带给大学生巨大的成就感。即便创业失败，大学生也能积累更多的经验，助力其未来实现更好的发展。

第二章

高校创新创业人才培养的理论基础

認识来源于实践，同时，科学的认识对于实践具有积极的指导作用。理论是指人们对自然、社会现象，按照已知的知识或者认知，经由一般化与演绎推理等方法，进行合乎逻辑的推论性总结，是一种综合认知。科学的理论是在实践中总结形成，并能够指导实践的开展。我们探寻创新创业人才培养的发展路径，无论哪个环节，都必须以科学的理论为指导，并在此基础上开展新的实践，总结新的经验。

第一节　人的自由全面发展理论

　　马克思在思考人的自由和解放的重大时代课题过程中，始终构想着与资本主义社会不同的理想社会。马克思指出：资本家"作为价值增值的狂热追求者，他肆无忌惮地迫使人类去为生产而生产，从而去发展社会生产力，去创造生产的物质条件；而只有这样的条件，才能为一个更高级的、以每一个个人的全面而自由的发展为基本原则的社会形式建立现实基础"①。在《共产党宣言》中，马克思将这个理想表述为："代替那存在着阶级和阶级对立的资产阶级旧社会的，将是这样一个联合体，在那里，每个人的自由发展是一切人的自由发展的条件。"②这是马克思对新社会的构想，在此基础上他把人类社会的历史划分为三大社会形态：第一大社会形态是自然经济和人的依赖关系，包括原始社会、奴隶社会和封建社会；第二大社会形态是商品经济和物的依赖关系，主要指资本主义社会；第三大社会形态是商品经济和自由人的联合体的阶段，人们已经摆脱了人对人、人对物的依赖关系，主要是指社会主义和共产主义社会。马克思在《资本论》中描述共产主义社会是一个"以每一个人的全面而自由的发展为基本原则的社会形式"③，到那时，"人终于成为自己的社会结合的主人，从而也就成为自然界的主人，成为自身的主人——自

---

① 中共中央马克思恩格斯列宁斯大林著作编译局.马克思恩格斯文集：第五卷 [M].北京：人民出版社，2009：683.
② 中共中央马克思恩格斯列宁斯大林著作编译局.马克思恩格斯文集：第二卷 [M].北京：人民出版社，2009：53.
③ 中共中央马克思恩格斯列宁斯大林著作编译局.马克思恩格斯文集：第五卷 [M].北京：人民出版社，2009：683.

由的人"①。这个社会理想超越了资本主义社会对物的依赖关系的怪圈,使人的自由而全面发展成为工作的最终目的。

人的自由全面的发展,主要包括三个层面的内涵:一是"个人生产力全面发展",即个人劳动能力全面发展;二是"每一个人的生存目标就是全面地发展自身所有能力",即个人才能全面发展;三是"全部才能的自由发展",即个人自由发展。在马克思的"人的自由全面发展"的理论中,人的发展不仅包括劳动能力的发展,还包括认知、情感、意志等素质的发展。

我国非常重视大学生的全面发展。创新创业教育作为培养"具有开创性的个人"的教育,既充分关照每个"创业者"和"内创业者"个人综合素质的"全面自由的发展",又立足"广义"视角,提出与"面向全体大学生、结合专业教育、融入人才培养全过程"的创新创业教育相匹配的综合素质结构和培养方案,为创新创业人才培养奠定了坚实理论基础。

第二节 人力资本理论

在人类所拥有的一切资源中,人力资源是第一宝贵的,自然成了现代管理的核心。不断提高人力资源开发与管理的水平,不仅是发展经济、提高市场竞争力的需要,而且是一个国家、一个民族、一个地区、一个单位长期兴旺发达的重要保证,更是一个现代人充分开发自身潜能、适

---

① 中共中央马克思恩格斯列宁斯大林著作编译局.马克思恩格斯文集:第三卷[M].北京:人民出版社,2009:566.

应社会、改造社会的重要措施。人力资本理论正是在对生产诸要素科学审视的基础上论述人力资本重要性以及研究如何进行人力资本投资与人力资源优化的一种社会科学理论。

一、人力资本理论的诞生

人力资本理论是由美国经济学家西奥多·W. 舒尔茨 (Theodore W. Schultz) 和加里·S. 贝克尔 (Gary S. Becker) 于 20 世纪 60 年代创立的。人力资本理论源于经济学的研究，是经济学领域的重要研究成果之一。该理论将研究的重点放在经济发展的资源支撑上，将资本划分为物质资本与人力资本。在人力资本理论中，作为生产活动的资本可以划分为物质资本与人力资本两大部分，两者缺一不可，且尤以人力资本为重。

物质资本指的是人类生产活动中所包含的物质产品的资本，包括机器、原材料、厂房、土地等。人力资本指的是体现在生产者身上的资本，即对生产者进行教育、培训以及其他方式的培养等项目的投资，表现为生产者自身拥有的知识、技能、经验等综合素质的总和。[①]

二、人力资本的特点

相比于物质资本，人力资本自身具有显著的特点：其一，人力资本是基于人的身体产生的，因此，人力资本不能像物质资本一样可以买卖，只能通过租赁的形式发挥其价值。其二，人力资本具有时效性和个体差异性，这是因为人力资本效能的发挥是与人的个体活动紧密相关的，人类不是机器，不会始终开展同一生产活动，即使从事同类型的工作，也

---

① 崔静静，龙娜娜，房敏，等.新时代地方本科院校"双师型"教师队伍建设研究 [M]. 北京：冶金工业出版社，2020：40-42.

有很大概率不会永远坚持在同一岗位、同一地点。而且，人类个体之间存在巨大差异，这种差异体现在性格、价值观、行为方式、知识与能力等各个方面，因此，人力资本具有显著的时效性和差异性。其三，人具有社会性，因此，人力资本不是一种经济资源，而是一种社会资源，其对于经济增长的促进作用要强于物质资本。

三、人力资本理论的内容

（一）人力资本的作用大于物质资本的作用

依据人力资本理论，在现代化的生产条件下，劳动生产率的大幅提升，正是人力资本不断增长的结果。从另一个角度来看，生产技术的提升也是人们在社会实践的基础上，充分发挥主观能动性，进行科技创新的结果。第二次世界大战以后，世界上许多国家迎来了经济的迅速发展，这正是重视人力资本投资的结果。许多国家重视教育，不断加大对教育的投入，使得自身的人才储备可以跟上世界科技发展的脚步，为经济的迅速腾飞打下了坚实的人才基础。如果不重视人力资本的投资，物质资本投入再多也无济于事。

当然，人力资本与物质资本是资本最重要的两个构成要素，经济的增长也是人力资本与物质资本共同作用的结果，二者相互促进，缺一不可。在生产实践中，我们应该重视人力资本投资与物质资本投资的协调，以保证经济的健康、可持续发展。

（二）人口质量重于人口数量

人力资本主要包括两个方面的内容：一是人口的数量，也可以说是人力资本的数量。人口数量多显然能为国家的发展提供更多的人力资源，贡献更多的建设力量。二是人口的质量，即人口的素质，包括知识与能力素养、综合素质等。知识与能力素养指的是人们的受教育程度、所具备的知识量、知识与能力结构等。

虽然人口的数量与人口质量均是人力资本的重要表现形式，但是在人力资本理论中，两者的地位是不同的，相较于人口数量，人力资本理论更加强调人口质量的重要性。在农业社会，人口数量对于国家的发展具有显著的作用，这是因为生产工具相对较为落后，人们创造价值的能力有限，人们的体力劳动对于社会生产的促进作用十分明显。比如，古代强大的文明往往是"大河文明"，这是因为平原河流带来的肥沃的土地与良好的灌溉条件能够养育更多的人口，大量的人口可以进一步促进农业的发展，或者在资源争夺中取得优势，进而形成强大的文明。在工业革命之前，即便人们对生产工具进行了改良，其对于生产力的推动作用也有限，对于使用者的素质要求也并不高。因此，在很长一段时间内，人口数量是农业社会发展重要的影响因素。

当人类历史迈入工业社会乃至信息化社会后，知识与科技的发展在很大程度上改善了生产工具与生产方式，对于生产力的发展具有极大的促进作用。同时，对于生产者自身的知识与能力素质提出了更高的要求，因此，掌握先进知识与科技的高素质人才就成了推动社会发展的重要主体，劳动力素质就成了社会生产力发展首要的推动力。

在当今时代，创新已经成为发展的首要驱动力，社会发展对于人才的素质也有了更高的要求，不仅需要人才具备完善的知识结构与较强的实践能力，还需要人才具备良好的创新思维与创新能力，具备较高的综合素质。创新实践的主体是高素质创新型人才，因此，人口素质的提升、高素质人才的培养是创新的重要源泉，是提升生产力水平的重要前提。可以说，空有数量而没有质量的人力资源，难以对经济的发展起到显著的促进作用，高素质创新型人才是当今时代珍贵的人力资本类型之一。

（三）人力资本投资的核心是教育投资

前面我们分析了为什么人力资本理论认为人口质量要高于人口数量，由此也可以看出，在人力资本理论中，人口质量的提升是推进社会发展的关键因素之一，而提升人口质量的重要途径就是加强人力资本投资。高素质人才优秀的素质结构不是与生俱来的，而是后天培养的，是需要不同人才培养主体投入大量的资源来实现的。在当今时代，人力资本投资中最常见也是最有效的方式就是教育投资。

纵观世界上社会经济发展水平较高的国家，绝大部分对教育非常重视。不同国家或地区的人们在先天素质上并无较大差异，但由于后天教育条件的不同，人口素质差距就会逐渐显现，最终造成不同国家之间发展差距巨大。

教育投资具有一定的滞后性，相比于经济效益，教育主体更加注重社会效益。十年树木，百年树人，人才培养需要投入大量的资源与时间，而人才的知识与技能体系的形成需要一定的时间。在人才进入社会之前很长的一段时间内，他们一般难以为社会带来显著的经济效益。但用从长远的眼光来看，相对于短期的物质投资来说，教育投资的回报要远高于物质投资，这也是人力资本的作用大于物质资本作用的体现[①]。因为人才具有创造价值的能力，这是物质投资所难以比拟的，特别是高素质的创新型人才，能够通过创新实践，在很大程度上推动社会向前发展。

人是实践的主体，是社会精神财富与物质财富的创造者，因此，加大教育投资力度，提升人的素质，是推进实践发展最为根本的路径。

（四）人力资本投资的形式

人力资本投资的形式有许多种，从纵向看，涵盖了个体成长过程中

---

① 崔静静，龙娜娜，房敏，等.新时代地方本科院校"双师型"教师队伍建设研究 [M].
北京：冶金工业出版社，2020：42-43.

为丰富知识、提升技能所进行的各项投资；从横向看，包括个体为创造更多价值而进行的一系列投资。人力资本投资形式的具体内容如图 2-1 所示。

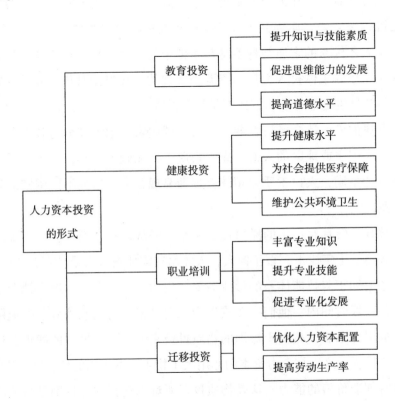

图 2-1　人力资本投资的形式

1. 教育投资

教育投资是人力资本投资的核心组成部分，是人力资本形成的最主要途径。教育投资指的是付出一定的成本来获得正规、系统的学校教育机会。教育对于人力资本的促进作用主要体现在以下几个方面。

（1）提升知识与技能水平。教育的首要任务就是传授知识与技能，受教育者通过教育活动可以丰富自身的科学文化知识，也可以提升自己的技能水平。丰富科学文化知识是可以提升受教育者的认知能力，而提升技能水平则可以帮助受教育者提升工作效率。

（2）促进思维能力的发展。教育是智育的主要方式，教育不仅能够传授科学文化知识与专业技能，还能通过教学活动锻炼受教育者的思维能力。思维能力的提升可以帮助个体更好地应对形形色色的问题，即使受教育者没有在学习的过程中接触过具体的问题，也能根据自己所掌握的知识与技能，充分发挥主观能动性，调动自己的思维能力去应对和解决问题。此外，教育还能培养人们的自主学习能力和创造性思维能力，这两种能力都是提升个体素质所必不可少的。

（3）提高道德水平。教育不仅具有智育的功能，还有德育与美育的功能。德育的核心是提升人们的思想道德素养，美育的核心是提升个体的综合审美素养，无论是德育还是美育，都倡导人们崇尚高尚的、道德的、美的事物，远离丑恶的、低劣的事物，这既是教育的目的，也是教育开展的途径。教育投资可以使个体在系统学习知识与技能的同时，提高道德水平，由此可以看出，教育是人力资本投资最核心的部分。

2. 健康投资

健康投资指的是通过医疗、卫生、保健的投资提升人们的健康水平，进而提升人们的生产能力。健康投资虽然不是直接作用于人们的知识与能力结构，但却是十分重要的投资类型。这是因为人力资本的核心载体是人，人的生产能力是通过身体机能发挥作用而产生的，因此，无论从事脑力劳动还是体力劳动，拥有健康的身体都是人们进行生产活动最重要的前提。健康投资旨在保持个体的身体健康。无论是脑力劳动者还是体力劳动者，其创造价值能力的发挥离不开健康的体魄，离不开状态良好的生理机能，只有以健康的身体为前提，个体才能创造更多的价值。

3. 职业培训

职业培训是普遍的人力资本投资形式之一，同样针对的是教育领域，但职业培训与学校教育相对应,是一种由社会组织的教育投资。职业培训的组织者是企业、培训机构等社会组织,其主要目的是提升人的实践技能与综合素养,使人能够更好地开展生产活动,创造更多的价值。

职业培训是学校教育的重要补充,是个体迈出校园,走向工作岗位后获取知识与技能的重要途径。职业培训广泛存在于我们生产生活的各个领域,职业培训具有很强的目标指向性,根据个体所从事的具体职业开展培训,强调个体专业能力的提升,对人力资本的形成和提升具有很大的推动作用。

4.迁移投资

迁移投资是人口或劳动力出于获取更多的利益、提升收入水平或满足自身的偏好的目的,从一个地方或者产业转移到另外一个地方或者产业所付出的成本或投资,迁移投资同样是广泛存在于我们生产生活之中的一种人力资本投资形式。当今时代,有许多人的工作场所并非固定的,而是随着工作需求或工作内容的变化而不断变化的,特别是在生产资源与经营活动在大范围内进行配置、交通发达、人口流动量大的今天,人们为工作而进行地域迁移的频次增加,人们的迁移成本也不断提升。

在当今时代,生产活动极易出现生产要素空间分布不合理的现象,这种要素分布结构的不合理会在很大程度上影响生产的质量与效率。比如,许多人工作与生活的地点并不在一个城市,每天的通勤费用就属于迁移投资。再如,大量的人集中在一些经济发展水平较高的大城市,房屋租赁费用实质上也属于人力迁移投资。

迁移投资不是一种对于生产要素的直接投资,不能对生产要素产生直接的提升作用,却可以优化人力资本的配置,使人力资本的配置更加科学合理,进而创造更多的价值。劳动力的流动本身不能增加人力资本的存量,但是劳动力的流动能够优化社会各产业之间的人力资本配置,进而提升劳动生产率,产生更多的价值,因此,迁移投资也是人力资本投资的途径之一。

　　创新创业人才培养是响应时代呼唤的一种教育实践。人是实践的主体。创新创业实践的开展离不开人力资源。作为人才培养的关键主体，高校只有加大创新创业教育投入，不断优化创新创业人才培养体系，整合优质教育资源，才能使创新创业人才培养取得理想的效果，为新时代创新创业实践与社会经济发展提供人力资源保障。

第三节　熊彼特创新理论

　　最早，人们对创新概念的理解主要是从技术与经济相结合的角度，探讨技术创新在经济发展过程中的作用，主要代表人物是现代创新理论的提出者约瑟夫·熊彼特。熊彼特独具特色的创新理论奠定了他在经济思想发展史研究领域的独特地位，也成为他经济思想发展史研究的主要成就。熊彼特创新理论对于创新行为与创新系统的深入剖析，为高校创新创业人才培养提供了丰富的教学内容。

一、熊彼特创新理论的内涵

　　在熊彼特创新理论中，创新就是建立一种新的生产函数，即把一种从来没有过的关于生产要素和生产条件的"新组合"引入生产体系。在这种情况下，作为企业组织运行核心要素的"企业家"的职能就是实现"创新"，即不断地将"新组合"引入企业这一系统的运行与发展之中。

　　熊彼特主要是从经济管理领域对创新加以理解的，他认为创新主要包括以下五种情况，分别对应不同的经济元素：

第一，产品领域的创新。产品领域的创新即引入新产品，包括开发一种消费者还不熟悉的产品，或者开发产品的某种新功能、新特性。

第二，生产方法领域的创新。生产方法领域的创新即采用一种新的生产工艺，这种新工艺必须是一种科学合理且未经生产部门鉴定通过的方法。这种方法不一定建立在新的科学发现的基础之上，但可以作为一种新的生产方式被运用于产品的生产过程之中。

第三，市场领域的创新。创新并非仅仅集中在物质与技术领域，开辟一个行业未曾涉足的新市场也是一种创新，这种创新能在很大程度上丰富本地市场，为经济发展提供新的活力。

第四，原料的创新。这种类型的创新指的是挖掘原材料的供应来源，至于这种来源是新的还是原本存在的则并不重要，重要的是对其应用方式进行创新，使之发挥其原来所不具备的价值。材料工程的迅速发展就是当今时代对于原料创新的鲜明体现。

第五，组织创新。组织创新即创造一种工业生产领域的新组织，如形成或打破一种垄断地位，组织创新是一种将关注点放在上层建筑的创新活动。[①]

二、熊彼特创新理论的主要观点

（一）创新或技术进步是经济系统的内生变量

在商业活动中，能够导致经济的变化，促进经济发展的并非只有投入的资本和劳动力数量的变化，还包括不同类型的创新活动。资源的投入是经济发展所必需的，而创新更是当今时代推动经济发展的核心要素。

---

① 李瑞星，周苏.大学生创新思维与创新方法 [M].北京：中国铁道出版社，2018：9.

但经济长期稳定增长不能单纯只靠资源和人力的投入，还要重视各种技术性与非技术性创新的作用，而类型丰富的技术性与非技术性创新，则是企业长期发展的核心要素。

推动经济发展的因素包括内部因素与外部因素，外部因素包括社会制度、经济政策、对外开放程度等，内部因素则主要包劳动力素质、劳动结构、技术创新等。外部因素是经济发展的必要支撑；内部要素则是经济系统的内生变量，是促进经济发展的根本力量。

（二）创新必须能够创造出新的价值

发明这一行为是发生在创新之前的，因为发明是对新工具或新方法的发现，而创新是对新工具或新方法的应用。新工具或新方法之所以能对经济发展起到推动作用，是因为其能够革新生产工具，优化生产组织方式，切实促进生产力的提高，是具有价值的，而在此基础上的创新则能够创造出新的价值。因此，熊彼特对于"创新"的定义更多是从经济视角出发的，它不仅是指科学技术上的发明创造，更是指把已发明的科学技术引入企业之中，形成一种新的生产能力，创造更多的价值。

（三）创新是经济发展的本质规定

熊彼特在提出"创新"这一概念的过程中，详细阐释了"增长"与"发展"这两种情况，以便从发展的规律与机制的角度更好地解释经济发展。经济增长与经济发展并非同一概念，经济增长只是一种适应过程，就像在自然数据中的变化一样。其产生的原因主要是人口和资本的增长，这种经济数据累积上升的情况并不能称为真正的"发展"，因为其并未产生经济活动中的新现象和新内容，而发展则指的是在经济发展过程中加入新的内容，或者在经济数据量变的基础上产生新的质变，或者一种经济因素的全新的组合。可以说，真正意义上的经济发展是始终伴随着创新的，创新是经济发展的本质规定。

（四）创新的主体是企业家

人是实践的主体，不同类型的实践，其主体构成也不同。创新的主体可以是任何具有知识、技能、经验的人。而在以经济视角观察创新活动的熊彼特创新理论中，创新的主体则是企业组织、管理、经营的主体，即企业家。

熊彼特将企业视为一种"新组合"的实现，企业家是以实现这种"新组合"为职业的人。因此，在熊彼特创新理论中，企业家最重要的作用就是将这种"新组合"转化为现实。熊彼特对企业家的这种独特的界定，其目的在于突出创新的特殊性，说明创新活动的特殊价值。一个企业家取得成功，其他的人就会不断模仿，进而将更多全新的因素引入经济发展的过程之中，促使经济不断呈现出具有时代特色的全新内容，不断向前发展。

第四节　创新生态系统理论

自然生态系统是一个由各部分相互联系、相互影响而形成的综合体。如同自然生态系统的运行方式，无论是创新创业实践，还是创新创业人才培养，都并非一种孤立的行为，而是由多种主体、要素构成的庞大的系统。推进高校创新创业人才培养，必须构建结构完整、运行良好的教育系统，并注重系统中各要素之间的互动关系，在培养创新型人才的同时，实现新成果、新理论与新实践的产出。生态系统理论为创新创业人才培养的生态系统构建提供有力的理论支撑。

一、生态学相关概念

（一）种群

在生态学中，种群指的是同一时间生活在同一区域内的同种生物所有个体的集合，种群中的个体可以通过繁殖行为将各自的基因传给后代，以保证该区域内物种的繁衍。种群是物种繁衍生息和实现进化的基本单位，也是构成群落的基本单位。

不同的种群之间有着明显的地理隔离，而同一种群内的生物则共用同一个基因库。种群是生态学研究中最小的生态单位，其研究主要集中在种群的内部结构以及内部个体数量变化等方面，包括种群密度、种群内部个体的年龄结构、个体性别比例、出生率与死亡率、空间分布等。

在自然界中，同一时空内往往存在着多个生物种群，这些种群规模不同、类型各异，多种群的共生缩小了生物个体之间的空间距离，同时形成了种群之间相互竞争和相互依存的复杂关系网络。不同种群之间的关系主要包括竞争、共生、互惠、捕食等。

（二）群落

群落指的是同一时间内聚集在同一区域内的不同生物种群的集合。生物群落虽然是由类型丰富、数量众多的种群共同组合而成的，但这些种群并非杂乱分布的，而是按照一定规律有序协调地组合在一起。也就是说，群落是由种群按照一定规律组合形成的一个有机整体，不同的种群之间存在着直接或间接的联系。

生物群落的基本特征包括群落中物种的多样性、群落的生长形式和结构、优势种群、相对丰盛度及营养结构等。不同生物群落之间在规模与物种多样性上是不同的，这在很大程度上受到群落所处环境以及内部营养物质的丰富程度的影响。以陆地生物群落为例，群落之中的植物的种类与规模直接影响动物的种类和数量。

（三）生态系统

生态系统指的是在自然界一定的空间中，所有生物及其生存的环境所共同构成的有机整体，在这个整体中，生物与环境之间相互影响、相互制约，并在一定时期内处于相对稳定的动态平衡状态。相对于种群与群落来说，生态系统的概念所涵盖的范围则更大，既包括不同类型的生物，又涵盖这些生物所赖以生存的环境。

生态系统主要由非生物的物质和能量、生产者、消费者、分解者等要素构成，其中，无机环境是生态系统的非生物组成部分，包括光、空气、水等无机物和部分有机物，以及地形、气候、气温、湿度、土壤等所有会影响生物生存的因素。无机环境是一个生态系统的基础，其条件的好坏直接决定生态系统的复杂程度和其中生物群落的丰富度。对于生态系统的研究要重视系统内部各要素、组织之间的关系及其相互作用机制，这种研究方法与研究视角对于其他领域的研究也有许多可借鉴之处。

二、创新生态系统理论的概念

创新生态系统指的是一个内部各要素之间相互关联、相互作用的经济共同体，也是一个基于长期信任关系形成的松散而又相互关联的网络，该系统具备相对完善的合作创新支持体系，其内部的各个创新主体能够充分发挥自身的创新资源优势，通过与其他创新主体进行协同创新，创造出新的价值，并且在这一过程中，各主体之间形成相互依存与共生演进的关系。创新生态系统理论就是从宏观与微观角度对创新生态系统进行全面分析的理论。

创新生态系统理论是从生态学研究中总结形成的对系统进行研究的一般规律。创新生态系统理论的理论来源是生态系统理论，在经济领域，其主要的研究对象是商业生态系统、不同类型的商业组织、经济创新发展的一般规律、商业系统内部组织结构的变化等。[①]

在当前市场经济大环境中，创新生态系统的主体包括政府、企业、高校和科研院所、中介机构、金融机构及用户个人等。其中，政府是制度创新的主体，主要发挥宏观调控作用；企业是技术创新的实施主体，在创新生态系统中处于核心位置；高校和科研院所则是智力资源的提供者，是创新生态系统人才流、技术流的源泉；中介机构是创新服务主体，能够为各创新主体提供所需服务，沟通各主体，整合不同类型的资源；金融机构则是创新投入主体，主要为创新行为提供资金支持；用户个人则是整个创新系统的最终接受者，其需求往往对于系统创新的方向具有重要的导向作用。[②]

三、创新生态系统的特征

创新生态系统作为创新行业重要的运行体系，其内容丰富、特征显著。创新生态系统的特征主要有以下几点，具体内容如图 2-2 所示。

---

① 赵武.包容性创新——地方政府创新的路径选择 [M].西安：西安电子科技大学出版社，2018：43-44.
② 李昶.中国专利运营体系构建 [M].北京：知识产权出版社，2018：121-126.

图 2-2　创新生态系统的特征

（一）整体性

整体性是创新生态系统的显著特性之一。创新生态系统是一个复杂的整体，是诸多创新要素的有机结合，而不是它们的简单相加，各要素之间相互联系、相互作用、相互影响，辩证统一地存在于创新生态系统中，其发展的目标、存在的方式及所具有的功能都体现出整体性这一特征。

（二）复杂性

创新生态系统的复杂性体现在该系统包括多种不同类型的创新主体，涵盖大量种类、属性、数量不同的因子。创新生态系统是一个呈网络式和多维空间结构的系统，包含能够通过不同方式为共同目标作出贡献的多种组织系统，如政府、企业、高校和科研机构、金融机构、中介机构等，创新生态系统总体目标的实现正是建立在充分调动不同创新主体资源优势的基础上。但同时，不同的创新主体在组织结构、发展目标、运行机制等方面都存在明显的差异，这就导致了创新生态系统呈现出明显的复杂性。

（三）发展性

创新是引领发展的第一驱动力，创新成果的价值性就体现在其对于社会发展具有巨大的促进作用上。创新生态系统的目的就是通过综合协调不同创新主体之间的功能发挥与利益需求，实现新价值的创造。创新生态系统具有单一创新主体所不具备的功能，能够创造单一创新主体所不能产出的新价值，因此，其具有突出的发展性。

（四）交互性

创新生态系统是一个由政治、经济、社会、组织、制度和其他因素交互而成的网络。在创新生态系统之中，各创新主体与创新要素相互联系、相互影响、相互依存，共同构成一个具有共同利益的复杂的交互系统。创新生态系统的运行就是各创新主体与多种创新要素之间交互的过程。单一创新主体的价值创造能力有限，必须通过与一系列伙伴的互补性协作，才能打造出符合市场需求、体现时代特色的创新产品。

（五）稳定性

稳定性指的是保持或恢复自身结构和功能处于相对稳定的状态。稳定性是一个成熟的系统所必需的，创新生态系统自然也不例外。稳定性既是创新生态系统构建的要求，也是创新生态系统运行的特征。创新生态系统若想平稳运行，达成预期的目标，就必须保证内部结构的稳定，这就需要创新生态系统具备较强的自我适应能力与自我调节能力，同时要具备相对完善的竞争与反馈机制。

（六）开放性

一个系统若想实现持久的运行和更好的发展，需要保持开放状态。创新生态系统的运行与发展是需要不断与外界进行物质、资源与信息交流才能实现的。创新生态系统本身处在科技、经济和社会等要素构成的大系统之中，呈现出耗散结构特征，这就导致其在技术研究、开发、扩散的各个环节上都与外界发生广泛的联系，并不断与周围环境进行能量、物质与信息的交换。[①]

四、创新生态系统的功能

（一）创造生产

创新生态系统的重要发展目标之一就是创造出新的价值，其核心内容就是技术创新，因此，创造生产功能是创新生态系统重要的功能之一。创新生态系统能够整合不同类型创新主体的资源优势，不断形成新知识与新服务，并将其与市场需求密切联系在一起，形成符合社会需要和时代发展方向的全新创新成果。

（二）知识扩散

创新生态系统是一种开放的网络系统，网络的本质是信息与资源的交换。在创新生态系统中，创新成果的产生需要不同创新主体之间的协调配合与资源共享。不同创新主体在互动的过程中实现新价值的创造，这种价值创造的过程本身也是一种信息交流和知识扩散的过程。知识扩散有利于创新效应的溢出和共享，而创新生态系统的网络结构也为知识

---

① 张峥.新兴产业创新生态系统持续创新能力研究[M].上海：上海交通大学出版社，2020：16-18.

扩散提供了便利的通道。通过知识扩散，各创新主体也可以实现自身的发展。

（三）资源配置

相较于不同创新主体独立开展创新实践，创新生态系统突出的优点之一就是能够整合不同创新主体的资源优势，根据系统整体的发展需求合理配置资源。资源配置的对象包括财务资本、人力资源和公共服务等。创新的前提是资源的合理配置，合理配置资源能够提高资源的利用效率，促进创新实践的推进。

第五节　协同理论

当今时代，高校创新创业人才培养不能仅靠高校这一单一主体来实现，而是需要政府、企业、高校等多主体协同推进，包括协同育人、协同产出成果、信息共享等。若想使多主体协同推进人才培养取得理想的成果，就必须对于协同的机制、要素之间的互动有深入的理解，这就需要我们重视协同理论的作用。

一、协同理论概述

协同理论也被称为"协同学"或"协和学"，是由德国物理学家赫尔曼·哈肯（Herman Haken）提出的系统科学的重要分支理论，哈肯于1971年提出了协同的概念，并于1976年对于协同理论进行了系统的阐述，有《协同学导论》等著作。

协同理论主要研究的是系统在与外界有物质或能量交换的情况下，如何通过自己内部协同作用，实现自身结构的有序建构。该理论主张通过建立完整的数学模型和处理方案，在微观到宏观的过渡上，对各种系统和现象中从无序到有序转变的共同规律进行描述，着重探讨各种系统从无序变为有序的相似性。协同论的创始人哈肯说过，他之所以把这个学科称为"协同学"，一方面是因为我们所研究的对象是通过许多子系统的联合作用所产生的宏观尺度上的结构和功能；另一方面是因为我们的研究内容是许多不同的学科进行合作，来发现组织系统的一般原理。

协同理论研究的对象是系统。在我们生活的世界中存在着大量的不同类型的系统，这些系统广泛存在于不同的领域之中，其表现形态、构成要素、内部结构、功能属性等丰富多样，不可胜数。这些系统有的属于自然生态系统，有的属于社会人文系统，有的是宏观系统，有的是微观系统，这些看起来完全不同的系统，却都具有深刻的相似性。协同理论正是以认识和解决系统的发展和内部结构的更新变化为主要内容而形成的理论。协同理论通过类比对从无序到有序的现象建立了一整套数学模型和处理方案，并将其推广到更为广泛的领域，在跨学科领域内，考察其类似性以探求其规律。这种泛用性是协同理论的显著特性之一。①

二、协同理论的作用

协同理论的泛用性与普遍性体现在作为协同理论研究对象的系统是一个相对抽象的概念，这种对抽象概念的研究使得协同理论能够适用于不同的领域，因此，协同理论具有广泛的适用性。协同理论在创新创业

---

① 王霞.大学教育和社区教育的互动协同发展 [M].北京：中国社会出版社，2019：73-76.

人才培养中的应用主要体现在协同育人系统之中，而创新创业协同人才培养集中体现在校企合作上。

在创新创业人才培养中，校企合作是重要的人才培养方式，校企合作指的不仅仅是学校与企业之间在个别领域的简单合作，而是双方建立一种相对稳定的合作关系，学校与企业共同为学生创造良好的实践技能学习与训练环境，通过校企合作办学、构建校企共同体、建设校企人才教育培训基地等方式，提升校企合作育人的水平，为学生创造充足的实践机会，帮助学生将理论应用于实践，再通过实践深化对于理论的认识。

高校校企合作贯穿高校创新创业人才培养的整个过程。可以说，在校企合作中，学校与企业之间构成了一个相对完整的人才培养系统，在这个系统中，学校与企业充分发挥自身的资源优势，以保证学生能够在系统学习创新创业理论知识的同时，获得足够的实践训练机会。而这个校企合作育人系统的合理运作，就需要以协同理论为指导。协同理论对校企合作育人的指导作用主要体现在以下几方面。

（一）利益协同

利益协同是校企合作系统中各主体需要首先处理的问题。学校与企业之间的利益不同。企业以经济效益为价值取向，这是由其本质导致的，因此，企业在现实发展中更加强调经济利益与现实价值；学校则更加看重长远利益和社会利益，因为学校承担着为国家培养人才的重任，经济利益并不是其主要追逐目标，所以在管理过程中，学校会舍弃一部分经济利益，以换取更大的社会利益和综合效益。

因此，若想实现学校与企业之间在人才培养领域的充分融合，就必须寻找双方的利益契合点，实现利益协同，只有以共同的利益为基础，才能使校企双方深入开展合作。

（二）战略协同

协同理论对于校企合作育人系统发展战略的制定具有重要的指导作用，战略代表着系统中各个子系统的发展方向，只有当各个子系统的发展方向相对统一时，系统才能不断获得发展。在创新创业人才培养中，战略协同程度的高低与政府、学校、企业之间的利益取舍有着很大的关系。比如，政府考虑的主要是促进社会整体发展，学校考虑的主要是人才培养与办学能力的提升，企业主要追求的是提升经济效益与市场竞争力。不同的利益出发点影响着各主体发展战略的制定，因此我们强调利益协同的重要性。

利益协同是校企合作的基础，而校企合作的全面展开则需要政府、学校和企业之间充分协调，共同制定校企合作育人系统的总体发展战略，各主体的具体发展战略需要以总体发展战略为出发点，不能背离总体发展战略的基本路线。

（三）资源协同

资源协同就是将系统中各个子系统的资源进行整合并加以充分利用的过程，这是系统发挥协同效应的关键所在。

在校企协同育人中，资源协同指的是学校与企业充分发挥自身的教育资源优势，为学生提供良好的理论学习和实践训练环境，深入推进产教融合，帮助学生更好地进行工学结合，实现学生综合素质的提升。

学校拥有的资源主要包括教学资料、教师资源、教育管理资源、教育信息资源以及各种教育基础设施资源等。这些教育资源是学生进行系统的专业知识学习所必需的资源，可以帮助学生夯实专业基础。企业拥有的资源主要包括资深从业人员、实习场所、资金等。学校与企业之间的资源具有很强的互补性。创新创业是一门崭新的、具有较强实践性的专业，因此创新创业人才培养既需要保证学生具备扎实的专业理论知识基础，还需要学生具备较强的实践能力，这就需要学校与企业发挥自身的资源优势，联合进行人才培养。

（四）文化协同

在校企合作育人系统中，不同主体之间的文化存在一定的差异，这就要求各主体之间通过互动、对接、协调、整合后形成一个和谐的文化体系，文化的和谐是系统持续发展的重要保障。

企业文化指的是企业在长期的生产经营活动中形成的，受到企业成员普遍认可的价值观念、思维模式和行为规范。校园文化是在长期的教学实践中形成的，受到学校师生普遍认可的价值观念、思想意识、教学理念及校风学风等文化因素。校企文化协同需要学校与企业以育人为核心，充分汲取对方文化中的有利因素，整合形成科学合理的校企合作育人文化。

三、协同理论的运用——产学研合作

（一）产学研合作概述

产、学、研对应的三个主体，分别是企业、高校与科研机构，产学研相结合指的就是生产、教育与科研三种不同类型的社会活动的协同化发展，企业、高校与科研机构充分利用自身的资源优势，发挥自身的功能，形成合力，使生产、教育与科研相辅相成、互相促进。教育为社会与行业培养高素质人才；科研实现企业的技术创新，提升企业竞争力和行业发展水平；同时，企业为教育和科研提供实践场所与资金支持，促进教育和科研的发展。企业、高校与科研机构共同努力，最终实现产学研共同发展。

在产学研相结合的发展模式中，企业是生产活动的主体，也是技术和人才的需求方，教育与科研的直接目的是为企业提供人才和智力支持。我国十分重视应用型人才的培养，产学研合作的理论帮助我国探索出一套应用型人才培养的新模式。2010年，国务院常务会议审议并通过的《国家中长期教育改革和发展规划纲要（2010—2020年）》明确提出：要创立高校与科研院所、企业、行业联合培养人才的新机制。2017年，《国务院办公厅关于深化产教融合的若干意见》提出，"深化产教融合，促进教育链、人才链与产业链、创新链有机衔接，是当前推进人力资源供给侧结构性改革的迫切要求"[①]。"推动创新链产业链资金链人才链深度融合"被写入了党的二十大报告。

（二）产学研合作的意义

产学研合作创新了我国应用型人才的培养机制，为我国应用型人才的培养探索出了新的路径。

从个人发展的角度来看，产学研合作能够将理论知识学习与实践技能训练充分结合，使学生能够更好地将所学知识运用于实践之中，并通过实践深化学生对于知识的理解，帮助学生更加平稳地实现从校园到企业的过渡，完善了学生的知识与技能体系，同时提升了就业率。

从行业和企业发展的角度来看，产学研合作能为企业源源不断地提供人才和技术支持，为企业提供高素质应用型人才，提升企业的市场竞争力，帮助企业产生更多的经济效益。服务与技术升级对于企业来说是十分必要的。企业的生存与发展也如同逆水行舟，不进则退。企业要想在激烈的市场竞争中站稳脚跟，就必须不断地升级自己的服务与技术，提升自己的市场竞争力，只有这样，企业才能在行业竞争中占据优势。

产学研合作对于科研机构同样具有良好的促进作用。科研机构具有

---

① 国务院办公厅. 国务院办公厅关于深化产教融合的若干意见 [EB/OL].(2017-12-19)[2023-10-29].http://www.gov.cn/zhengce/content/2017-12/19/content_5248564.htm.

强大的科研能力，但是缺乏实践支撑，其实践案例大多体现的也是其他企业发展的间接经验。经典案例的间接经验当然具有参考价值，但是还有一部分间接经验存在一定的时效性，特别是在创新创业领域，行业风云变幻，新的经营理念、新的经营模式以及新的业态不断涌现，许多相对陈旧的案例与实践经验不足以支持当前的科研活动，运用这些案例开展科研，难以得到理想的研究成果。企业拥有充足的经营经验，可以为科研机构提供大量的研究样本和实践案例，也可以为科研机构提供实验场所。产学研合作可以帮助科研机构获取大量当前行业的直接经验，保证科研成果能够对于行业当前的发展具有较强的指导意义。另外，高校也能够为科研机构提供强有力的智力支持，为科研机构源源不断地输送人才，确保科研活动高质量开展。

"随着国内高校创新创业教育改革的深入，高校创新创业教育范式已突破校内封闭式的教育循环，演变为'产学研用'相互融合的教育生态模式。"① 产学研合作成为推动高校创新创业人才培养的重要举措。

---

① 蒋菲，郭淼磊.高校创新创业教育"四链融合"发展的理论逻辑、现实困境及对策审思 [J].大学教育科学，2023（5）：76-84.

第三章
高校创新创业人才培养的历史追溯

··

　　探寻高校创新创业人才培养的路径，必须立足我国创新创业人才培养的实际，在回顾我国高校创新创业人才培养发展历程的基础上全面总结我国创新创业人才培养的经验与不足，在实践的基础上探寻新的发展。本章分别从高校创新创业人才培养的发展历程、高校创新创业人才培养取得的成效两个方面对我国高校创新创业人才培养进行全面梳理。

第一节 高校创新创业人才培养的发展历程

教育部高等教育司组编的《创业教育在中国：试点与实践》明确指出中国高校创业教育的"第一阶段是各高校自主探索阶段，从 1997 年至 2004 年 3 月。在这一阶段中许多高校都作了有益的自发性探索"①。这个论述把我国高校创业教育的起始年份定在了 1997 年，我国高校创新创业人才培养的大幕也就此拉开。以 1997 年为起点，到目前为止，我国高校创新创业人才培养经历了三个发展阶段。

一、自发探索期（1997 年至 2002 年 3 月）

从 1997 年开始，许多高校对创新创业作了有益的自发性探索。清华大学经济管理学院在国内 MBA 培养计划中开设了创新与创业方向，中心的成员是创新和创业课程的教员；同时，清华大学以学生创业计划竞赛为载体开展创业教育探讨与实践。复旦大学传授学生创业基础知识和基本技能，华东师范大学开设"创业教育课程"，武汉大学实施"创造、创新、创业"三创教育，北京航空航天大学科技园等机构对学生创业给予注册、资金支持，等等。

经过这种自发探索，到 2020 年，我国高校创业教育虽有了初步尝试，但水平还比较落后，《全球创业观察 2002 中国报告》一书作了详细

---

① 中华人民共和国教育部高等教育司.创业教育在中国：试点与实践 [M].北京：高等教育出版社，2006：19.

描述。该报告指出："在所有关于创业教育的问题上，中国的水平均低于 GEM（GEM 参与国指的是参与全球创业观察，Global Entrepreneurship Monitor，GEM）参与国家与地区的均值""与美国几十年的创业教育历史相比，我们的创业教育还很幼稚""大学创业教育和管理教育落后是我国创业环境改善时面对的重要瓶颈因素"。[①] 我国创业教育的长期严重滞后，也最终导致"创业者缺乏创业过程的基本知识和技能，创业者凭借自己的热情、干劲和运气，以及实践中获得的经验和教训经营企业。这样的创业过程对社会和个人是一种资源浪费"[②]。由此，可以判断，该阶段我国高校创新创业人才培养的基础非常薄弱，培养质量也非常落后。这与创业教育长期滞后密切相关，也许与历史有机缘巧合。恰好 2002 年，我国高等教育毛入学率首次达到 15%，进入了大众化阶段。2002 年 4 月，教育部高等教育司组织召开普通高等学校"创业教育"试点工作座谈会，并敏锐地洞察到这一重大变化，明确指出："从现实角度讲，由于种种原因，高校毕业生的就业问题越来越突出，尤其是在今后几年更加突出。这就要求我们的高校一方面要不断提高人才培养的质量和社会适应性，另一方面要加强对学生的创新意识、创新精神和创业能力的培养。高校毕业的学生不只是为了就业，还要创业，创造更多的岗位使更多的人能够就业。"在国家的强势推动下，我国高校创业教育进入政府主导的探索与推进阶段，创新创业人才培养质量也开始逐步提升。

二、多元探索期（2002 年 4 月至 2010 年 4 月）

2002 年 4 月，教育部在清华大学、北京航空航天大学、中国人民大学、上海交通大学、西安交通大学、武汉大学、黑龙江大学、南京财经

---

① 姜彦福，高建，程源，等．全球创业观察 2002 中国报告 [M]．北京：清华大学出版社，2003：Ⅱ．
② 同①．

大学、西北工业大学 9 所大学开展创业教育试点工作，这标志着我国高校的创业教育进入政府主导下的多元探索期，形成了三种教育模式：以中国人民大学为代表，以课程教学为主导的创新创业人才培养模式；以北京航空航天大学为代表，以提高学生创业意识、创业技能为重点的创新创业人才培养模式；以上海交通大学为代表，以创新教育为基础，为学生创业提供实习基地、政策支持和指导服务等的综合式创新创业人才培养模式。这三种教育模式曾在不同场合被教育部冠以"三种形式"[①]"三种类型"[②]，直到教育部 2010 年第 3 次新闻通气会介绍大力推进高校创业教育和大学生自主创业有关情况时，才被明确称为"三种模式"。在2002 年 9 所高校试点的基础上，2008 年教育部通过"质量工程"项目，又立项建设了 30 个创新与创业教育类人才培养模式创新试验区，并取得了较好的成效。这些试点和实验的成功经验，为在全国高校全面推进创新创业教育起到了重要的示范作用。

经过多元探索，2010 年中国高校创业教育和创新创业人才培养取得了一定成效，从侯慧君和林光彬所著的《大学生创业教育蓝皮书——大学生创业教育实践研究》中可见一斑。该书肯定了我国高校创业教育取得的成效："已成'燎原之势'，在全球创业教育中异军突起，有后来居上之可能。主要依据有三个方面：一是组织队伍与参加人数已为世界之最。二是创业教育已入主流，形成生动局面。三是国家布局，已形成点—线—面整体格局"。[③]当然，在对高校创业教育已取得的成效给予肯定的同时，该书指出了当前高校创业教育存在的问题，总体上概况为冷与热、多与少、难与易的问题。比如，校外热、校内冷（新增工作），

---

① 2002 年创业教育试点工作座谈会议。

② 教育部高等教育司 . 创业教育在中国：试点与实践 [M]. 北京：高等教育出版社，2006：19-20.

③ 侯慧君，林光彬 . 大学生创业教育蓝皮书：大学生创业教育实践研究 [M]. 北京：经济科学出版社，2011：39-40.

课外热、课内冷（创业教育思想还没有体现在培养路径设计和培养过程之中），研究热、实践冷，社会氛围热、教师主体冷（教师认为是本职以外的工作）。再如，外在压力多（政府与社会、就业与转变发展方式、建立创新型国家）、内在动力少（管理者和教师认为是本职以外的工作），社会价值多、教育价值观引导少。又如，开会与发红头文件易、具体实施难，一般性教育易、因材施教难，开展单项活动易、融入培养全过程难。这些问题从侧面说明人才培养和教学工作在社会商业化大潮流影响下还没有成为学校和教师的中心工作。由此可以看出，此时我国高校创新创业人才培养虽然已经较之前有了发展，但是与教育部提出的"加强对学生的创新意识、创新精神和创业能力的培养"还有很大的距离。

三、全面推进期（2010 年 5 月至今）

2010 年 5 月 4 日，《教育部关于大力推进高等学校创新创业教育和大学生自主创业工作的意见》发布，这是第一个推进创新创业教育的全局性文件，要求省级教育行政部门积极协调配合有关部门，出台地方促进大学生自主创业的政策措施；通过财政和社会两条渠道设立"高校毕业生创业资金""天使基金"等资助项目，重点扶持大学生创业；高校出台促进在校大学生自主创业的政策和措施，切实扶持一批大学生实现自主创业。这一纲领性文件明确了创新创业教育面向全体学生、结合专业教育、融入人才培养全过程的教育价值定位。教育部成立了由知名企业家、企事业单位专家、高校教师、有关部门负责人参加的"教育部高等学校创新创业教育指导委员会"。该委员会是在教育部领导下，对高校创新创业教育工作进行研究、咨询、指导、评估和服务的专家组织，主要职能是：组织开展创新创业教育的理论和实践研究，指导高校创新创业教育的课程建设、教材建设和创业实践活动，组织开展创新创业教育师资培训、经验交流，宣传推荐创新创业教育优秀成果。教育部还建立了高教司、科技司、学生司、就业指导中心四个司局联动机制，形成了创新创业教育、创业基地建设、创业政策支持、创业服务"四位一体、整体推进"的格局。之后，教育部连续发布多份文件，从多方面指导高校创新创业教育建设，2012 年颁布了《普通本科学校创业教育教学基本要求（试行）》《"创业基础"教学大纲（试行）》，2015 年 5 月国务院办公厅印发《国务院办公厅关于深化高等学校创新创业教育改革的实施意见》。

对于 2010 年以后的中国高校创业教育状况，刘延东在中国大学生自主创业工作经验交流会暨全球创业周峰会开幕式上的讲话中指出，当前中国已经形成了"政府促进创业、市场驱动创业、学校助推创业、社会扶持创业、个人自主创业"的生动局面。特别是 2015 年 5 月国务院办公厅印发《国务院办公厅关于深化高等学校创新创业教育改革的实施意见》以来，我国高校创新创业教育向纵深发展。到 2018 年，"打造了一支中国乃至世界上最大的新锐大军，大学生创新创业大赛所聚集起来的队伍有 260 多万人；毕业生创业率已超过 3%，是发达国家 1.6% 的两倍。"[①] 2020 年 11 月，教育部召开新闻发布会，高等教育司司长吴岩介绍，通过育人理念、质量标准、教育学的改革，体制机制的创新，技术方法、质量文化等全面的变革，深化高校创新创业教育改革，让"我敢闯、我会创"成为新时代的高等教育的一种新的素质教育。2021 年 2 月，教育部公布《普通高等学校本科教育教学审核评估实施方案（2021—2025年）》。"就业与创新创业"被纳入本科教育教学审核评估，体现在第一类审核指标"教育教学水平"（一级指标）、第二类审核评估指标中"培养过程"（一级指标）下的"创新创业教育""资源建设"（二级指标）中。

---

① 奋力跑出双创教育的"中国加速度"——专访教育部高教司司长吴岩 [EB/OL].
(2018-12-12)[2023-10-29]. http://www.swpu.edu.cn/cxcy/info/1036/2769.htm2018-12-12.

同时，在第一类、第二类审核重点中，创新创业相关指标占比近30%。从本科教育教学审核评估方案可以看出，创新创业教育已经成为高校本科人才培养的重要指标、关键点位。

第二节 高校创新创业人才培养取得的成效

经过三十多年的探索，我国高校创新创业人才培养取得了显著的成效，培养出了一大批优秀的创新创业人才，形成了几种较为成熟的创新创业人才培养模式。下面从这几种模式出发，考察我国高校创新创业人才培养所取得的成效。

一、我国高校创新创业人才培养模式的探索

2002年，教育部确定9所创业教育试点高校，通过不同方式，对创业教育进行实践性探索，形成了三类教育实践模式：第一类是以中国人民大学为代表的素质教育模式，第二类是以北京航空航天大学为代表的创业技能培训模式，第三类是以清华大学和上海交通大学为代表的综合教育模式。

（一）以中国人民大学为代表的素质教育的模式

素质教育是一种以提高受教育者综合素质为目标的教育模式。它重视人的思想道德素质、能力培养、个性发展、身体健康和心理健康教育协同发展，而不是单单将知识与技能结构作为人才培养的全部内容。创

新创业教育并非传统的高等教育专业，而是一种重视学生创新创业素质培养的教育活动，因此，在当今时代，创新创业教育同样是素质教育的重要内容之一。将创新创业教育与素质教育相融合是非常契合素质教育的目标的，该模式也是我国较为成熟的一种创新创业人才培养模式。

将创新创业融入素质教育模式的代表是中国人民大学。这种模式充分将创新创业教育与素质教育结合在一起，仍然坚持以课堂教学为主导，充分进行课程开发的教育活动模式。

第一课堂的教学以创业意识、创业精神、创业管理、创业风险投资等内容的相关课程为主导，并运用讨论式的教学方法，培养学生的创业精神和意识，使学生掌握走入职场后，具备创业所必备的文化知识。第二课堂的内容是支持和鼓励学生加入各式各类的社会实践活动。通过开展相关的教育讲座，举办不同的创新活动和创业竞赛，将第一、第二课堂相整合，内容相渗透，使学生的综合素质得到提高和完善。

1. 第一课堂方面

第一课堂指的是教学时间里进行的课堂教学活动，是正规课程、显在课程，指的是教师和学生在规定的时间、规定的地点，依据教材和教学大纲，完成规定教学内容的有目的、有计划的教学实践活动，是课程教学的最主要的方式。

在第一课堂方面，中国人民大学的创业教育主要是依托公共选修课的形式，目前还处于起步阶段。在这种情况下，中国人民大学对教学方案进行调整，加大选修课程的比例，使学生自主选择的空间得到拓展，并且开设企业家精神、风险投资、创业管理等一系列创业教育的课程，对教学方法、考试方法进行改革，提倡参与式教学，其导向就是鼓励学生的创新思维。

2. 第二课堂方面

第二课堂是隐性课程的重要载体，指的是在学校课程培养计划之外开展的开放式教育活动和实践活动的综合，包括参与社会实践、志愿服务、学术活动、创新创业、素质拓展、文体竞赛、学生社团等方面，是对课程教学第一课堂的延伸和拓展。第二课堂的任务并非直接传授给学生特定的知识与技能，而是关注学生人格的发展与综合素养的提升。隐性课程是美育与德育的重要方式。丰富多彩的实践活动与文化氛围营造，有助于帮助学生形成正确的世界观、人生观和价值观，不断完善学生的人格，促进学生的全面发展。

在第二课堂方面，功利性不是学习的导向，高校需要通过第二课堂鼓励学生创造性地参加各种社会实践活动和社会公益活动，利用创业教育讲座以及各种竞赛活动的方式，建立起以专业为依托，以项目和社团为组织形式的创业教育实践群体。特别是在最近三年，学校的第二课堂活动呈现出越来越丰富的特点。

（1）"创业之星"大赛与学生创业园。"创业之星"大赛和学生创业园之间有着密切的联系。中国人民大学的"创业之星"大赛起步时间不长，自从 2009 年开始每年举办一次，在"创业之星"大赛中获取优胜的项目可以入驻学生创业园。学生创业园是中国人民大学文化科技园的园中园，依据学生的创业书，可以为学生提供项目评估、融资等各种服务。此外，还为每个学生配置一名专业导师，对学生进行一对一的指导与跟踪。

（2）中国人民大学留学人员创业园。除学生创业园之外，中国人民大学还建立了实行企业化运作的留学人员创业园。留学人员创业园于2005 年 12 月 16 日由中国人民大学和中关村科技园区管委会共同建立。留学人员创业园不但是中国人民大学的遗产文化，而且是中关村的一个重要组成部分。中国人民大学留学人员创业园，吸引了很多学有所成的海外留学生回国创业，是为留学人员提供的创意孵化以及技术转移的基地，这对培养具有国际视野、拥有国际竞争力的复合型人才具有重要意义。

中国人民大学是以人文社会科学为主的全国重点大学，也是文科类院校的一个典型代表，在文法哲等诸多领域具有国内领先水平，在管理等学科的建设上也具有很大优势。[①]

（二）以北京航空航天大学为代表的创业技能培训模式

与中国人民大学以课程为主要依托的人才培养模式不同，以北京航空航天大学为代表的创新创业模式人才培养模式主要以创业技能培训教育为核心，通过构筑组织、制度、师资等创业教育保障体系，拓展全员与分类培养结合、创业教学、创业实践三位一体的创业教育实施路径，丰富学生的创业知识，培养和提升学生的创业实践技能。

1. 三项举措构建完备的创业教育保障体系

（1）多部门联手开展创业教育，提供坚实有力的组织保障。创新创业人才培养是一个复杂的系统，从人才培养的目的来说，高校培养出的创新创业人才必须具备完善的知识与能力体系，具备较强的创新思维与创新能力，其素质结构包含许多内容。从人才培养主体上来说，创新创业人才培养是多主体共同推进的，不仅包括高校，还包括企业、政府以及各种社会力量。创新创业人才培养需要多主体充分协调配合，各自发挥自身的资源优势。从实施过程上来说，创新创业人才培养是一个复杂的工程，这一过程涉及课程教学、实践教学、协同培养、创业训练等。

在高校创新创业人才培养系统之中，强有力的组织保障、健全的机构设置、合理完善的领导体系是高校创业教育得以有效实施的必由之路，是建成多层次、立体化、全方位创业人才培养体系的必要保障。北京航空航天大学专门成立创业教育领导小组，创新创业教育的全部工作由领

---

① 教育部留学服务中心，科学技术部火炬高技术产业开发中心，人力资源和社会保障部留学人员和专家服务中心，等. 中国留学人员创业年鉴 2013[M]. 北京：中国致公出版社，2013：450-452.

导小组主抓，创业管理培训学院（成立于 2002 年，是一个负责全校创业教育的顶层设计与组织实施的集管理与教学为一体的独立建制单位）负责具体实施，各专业院系、教务处、学生处、就业指导中心、团委、孵化器、大学科技园等部门协同承担。

（2）制定鼓励政策与措施，为开展创业教育提供制度保障。在课程设置、师资配备和大学生自主创业方面制定了灵活、高效的激励政策和保障机制，健全了过程管理制度，营造了有利于创新人才培养的制度环境。

首先，完善课程设置，强化师资配备。教务处大力支持开设创业教育相关课程，由创业管理培训学院和就业指导中心以及其他部门联手推动创业课程的设置与教学工作。优先安排优秀教师讲授创业教育课程，为教师参加培训、授课提供便利。在聘请校外创业导师上，学校在经费和政策方面也给予大力支持。

其次，完善政策激励，鼓励学生自主创业。学校大力支持在校生保留学籍，休学创办企业，并且对于一些比较成熟的创业项目给予必要的创业孵化资金资助和政策指导。通过社团组织、公共活动策划、科技报告立项申请、学术报告、法律模拟、市场竞争模拟、电子创意大赛等活动为学生搭建创业的平台和创造机会。

（3）建立"三业"导师制度，为开展创业教育提供师资保障。教师是开展创新创业人才培养的实施主体，直接关系到创新创业人才培养质量。北京航空航天大学创立"三业"导师制度，即在现有创业导师制度的基础上，依托各专业院系现有师资，建立学业、职业和创业相结合的导师队伍。

首先，大力发挥学业导师在创业教育中的作用。培养各专业院系的教师成为学术型与实践型相结合的"双师型"人才，承担创业课程的教学任务，并使其在对学生进行学业指导的同时，结合专业知识对那些有创业意愿和潜力的学生进行创业方面的指导。

其次，培养创业团队指导教师。组织学生辅导员和职业指导教师参加创业指导相关知识和技能培训，扩大创业指导师资队伍，为创业团队提供"一对一"陪伴式创业辅导，提高创业指导工作质量。

最后，聘请成功企业家和正在草根创业的本校毕业生担任创业导师。具有丰富成功创业经验的企业家对大学生进行指导固然可以起到激励和引领作用，但处于创业阶段的本校毕业生的经历可以使大学生感觉创业实践更加贴近生活，创业并不遥远。

2.三位一体建立全新的创业教育实施途径

（1）构筑全员覆盖与分类培养相结合的创业教育培养体系。广义的创业教育包含三个层面的内容：一是培养学生具有创新意识、开拓精神和批判性思维；二是培养善经营、会管理，具有突出组织、协调和交流能力的人才；三是培养具有丰富创业知识和技能、能够创办企业的"未来企业家"。学校根据创业教育的不同层次和学生发展个性的不同需求，建立了全员覆盖与分类培养相结合的创业教育培养体系。

创业教育面对的群体是所有学生，即"全员覆盖"，在此基础上还要根据不同学生群体的具体需要，进行分类培养和指导。对于有创业知识需要的学生，通过开设系统的创业课程满足其创业基础知识方面的需要；对于有创业想法的学生，由创业指导教师就项目的可行性、资源需求、创业团队、开办方式、创业风险等方面的问题进行个性化指导，提供解决创业难题的思路和途径；对于有创业项目的学生，除了提供项目咨询、指导外，经过评估论证，由"双实·双业"基地或"大学生创业实践基地"提供场地、技术、管理、运营等方面的孵化支持；对于创业项目起点高、规模较大的学生，可指导其进入大学科技园，由科技园参与投资和经营管理，也可指导其到社会上整合资源，创办企业。

（2）构筑特色鲜明、大胆创新的创业教育教学体系。创业教育作为创新型人才培养过程中贯穿始终的理念，与知识教育、专业教育融为一体，以专业教学为主渠道培养学生的创新创业能力和素质。作为与传统教育不同的一种理念，创业教育在教学过程中从课程设置、教学方法、评价方式等方面进行了改革和创新。

在课程设置方面，创新创业教育的课程形式主要有两种：一种是以通识类课程的形式面向全校学生开设公共选修课；另一种是结合各院系的特点，深入各院系开设专业知识与创新创业技能相结合的课程。比如，与艺术类专业相结合的艺术创业，与计算机类专业相结合的 IT 创业，等等。

在教学方法上，学校采取传统的讲授法与案例教学、课堂讨论、分组教学、参观访问等相结合的方式，以此激发学生的求知欲望，培养学生的创新思维能力和创造力，使教学过程成为师生互动的双向传导过程，成为学生学习与模拟相结合的过程。

创新创业教育不能只停留在理论教学上，培养和提升学生的创新创业能力是创新创业教育的重要内容，因此，学校十分重视实践教学。学校专门成立创业管理培训学院，专门从事创业教育与创业实践的相关研究，并为学生的创业实践提供指导服务与资金支持。学校以创业管理培训学院为依托，建立大学生创业实践基地与大学生创业实训基地，系统开展创新创业实践教学。与此同时，学校引入相关创业模拟软件，通过模拟真实的创业过程，锻炼学生的创新创业实践能力，使学生能够更好地将所学的理论与实践相结合。

在评价方式上，建立能力本位的发展型、多元化、过程性的教学评价机制。对传统的单一的闭卷考试进行革新，采取多元化的考评方式：撰写阶段性课程学习心得；给定案例进行随堂考试；要求学生自选案例，指定时间集体研讨并撰写案例分析报告；撰写创业小论文；以某一章或者某一节为依据，以小组为单位起草创业计划书。

（3）强化基地依托，构建创业教育实践体系。创新创业教育具有较强的实践性，无论是学生创新创业思维的锻炼，还是学生创新创业能力的培养和提升，都离不开实践的支撑，因此，创新创业实践是创新创业教育的重要内容。

北京航空航天大学科技园充分利用并整合各方资源，联合学校研究生院、招生就业处、学生处、团委等单位，共同成立了"双实·双业"基地。该基地旨在鼓励大学生自主创业，为北京航空航天大学有创业意愿的学生提供免费的创业场地，并提供政策、技术、注册、管理等相关方面的咨询和服务。

北京航空航天大学还设立了"种子基金"平台，为技术创新项目和科技型创业企业提供权益性资本，直接参与其创业过程并负责具体实施。针对该平台，北京航空航天大学科技园成立了投资指导委员会与投资项目部，对拟投资的企业进行深入调查，编写投资建议书，决定孵化基金的投资方案，最终以股权投资的方式进行投资，并为遴选出的优秀创业项目提供创业场地及全程创业服务。

（三）以清华大学和上海交通大学为代表的综合教育模式

创新创业的综合教育模式指的是在教授学生知识时，将专业知识、创新教育和综合素质培育的内容相融合互渗透，与此同时，学校提供学生在创新和创业活动中所需的各类技术咨询和资金服务。我国高校采用这种综合教育模式进行创新创业教育的典型代表是清华大学与上海交通大学。

1.清华大学的创新创业教育模式

清华大学的创业教育起步较早，清华的学生创协于 1997 年成立，并在 1998 年举办首届创业计划大赛，该比赛于 1999 年推广成为全国挑战杯创业计划大赛。清华大学在 2016 年 8 月发布了《关于深化创新创业教育改革的实施方案》，创新创业教育成为全面深化综合改革、教育教学改革的重要内容。方案的总体目标是将创新创业教育融入学生培养体系，决定建立学科交叉的创新创业辅修专业、双学位，将创新创业教育与传统专业有机融合，统筹第一课堂和第二课堂，推进创新创业教育的国际化。这一份纲领性文件和有关的制度规定体现了"强有力的驾驭核心"，从战略、协调、机构、制度与文件等不同方面，对如何推进创业教育进行了整体性设计与规定。

清华大学与加利福尼亚大学伯克利分校在深圳研究生院共同创建了清华—伯克利深圳学院，培育创新创业人才。经管学院创新创业与战略系、五道口金融学院的互联网金融中心、企业集团的校地合作研究院等就创新创业教育进行了很多富有成效的研究。

清华大学还设立了一系列人才培养计划，开设相关创新创业项目，旨在系统开展创业人才培养。近年来，清华大学基于创新创业人才培养而开设的相关创业平台如雨后春笋般涌现，形成了"整合的创业文化"。各院系也根据自身的特点在院系内部建立创新创业平台，展开更具针对性的创新创业人才培养。

2. 上海交通大学的创新创业教育模式

上海交通大学同样具有深厚的创新创业底蕴，自 1999 年开始，学校就持续推进创新创业教育，积极探索构建研究型大学创业教育模式。2002 年，上海交通大学等高校被列为教育部首批创业教育试点院校。2009 年，上海交通大学成为上海首批创业教育试点高校，并于 2016 年入选全国首批双创示范基地，获评全国创新创业典型经验高校和全国首批深化创新创业教育改革示范高校。

上海交通大学始终突出贯彻素质教育、创新教育与终身教育的三个基点和教学向教育转变、专才向通才转变、传授向学习转变的三个转变，并以此引领进而确定创新人才培养体系的基本框架和内容。这种独有品牌式的创业教育模式，孕育并产生了大批学生创新成果，创办了许多创业企业。上海交通大学开设了很多关于创业教育的相关课程，还配备相应的社会实践活动，以创业活动和各种创业计划竞赛为载体，在全国范围内开展"创业计划大赛"，同时，为学生设立"科技创新基金"，为创业教育的全面开展和实施打下坚实的基础。

上海交通大学重视创新创业师资队伍的建设。不但校内教师开设专门的创业课程，还聘请校外名家担任创业导师，通过这些校外名家的亲身创业经验，教授学生创业相关知识，帮助学生深化对于创业的理解。同时，学校根据不同的创业教学内容对创业导师进行细分，使大学生创新创业教育具有更强的针对性。学校还重视与政府与企业之间的合作，校、企、政充分发挥各自的资源优势，促进创新创业相关项目的落地转化。

近些年，随着创新创业教育人才培养实践的深入推进，创新创业教育领域逐渐出现新的模式，不同学者也提出了不同的分类观点，如"三分法"①"五分法"②"二分法"③。这些模式的形成充分体现了"多样化"特征，为我国高校创新创业人才培养提供了经验支撑和理论借鉴。

二、我国高校创新创业人才培养取得的成就

创新创业教育是以实践为依托而开展的人才培养活动，我国大学生创新创业教育历经数十年的发展，取得了显著的成就，如图 3-1 所示。

① 中华人民共和国教育部高等教育司.创业教育在中国：试点与实践 [M].北京：高等教育出版社，2006：19-20.
② 曹胜利，雷家啸.中国高校需要怎样的创新创业教育 [N].中国教育报，2010-01-13（5）.
③ 胡进.高校创业教育体系建设浅析 [J].中国成人教育，2011（19）：67-69.

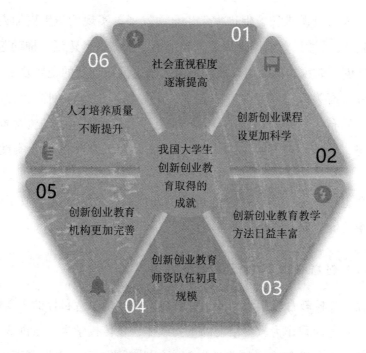

图 3-1　我国高校创新创业人才培养取得的成就

（一）社会重视程度逐渐提高

党和国家高度重视创新创业人才培养。习近平总书记在 2018 年全国教育大会上指出，"坚持深化教育改革创新""着重培养创新型、复合型、应用型人才"，为高等教育的人才培养指明了方向。2021 年 10 月，中华人民共和国国务院办公厅印发《国务院办公厅关于进一步支持大学生创新创业的指导意见》（以下简称《意见》），《意见》指出："纵深推进大众创业万众创新是深入实施创新驱动发展战略的重要支撑，大学生是大众创业万众创新的生力军，支持大学生创新创业具有重要意义。"《意见》对支持大学生创新创业提出了总体要求，要求坚持创新引领创业、创业带动就业，支持在校大学生提升创新创业能力，支持高校毕业生创业就业，提升人力资源素质，促进大学生全面发展，实现大学生更加充分更高质量就业。《意见》强调了加强大学生创业服务平台建设、推动落实大学生创新创业财税扶持政策以及加强对大学生创新创业的金融政策支持。

各级政府为鼓励大学生自主创业，更好地开展创新创业教育活动，陆续制定颁布了一系列相关规章、政策，并给予很多相关的资金资助和保障服务，为大学生创新创业教育的开展以及大学生的创业实践保驾护航。

社会也在大力营造鼓励创新创业的新风尚。敢为人先、敢于冒险、宽容失败的价值理念广泛传播。

（二）创新创业课程设置更加科学

课程是高校教育教学活动的主要载体，是实现教育目标的主要途径。创新创业教育课程作为教育活动的重要载体，在传授学生创新创业知识、提升学生创新创业能力、培养学生创新创业精神方面，发挥了至关重要的作用。自 2012 年，教育部办公厅印发《普通本科学校创业教育教学基本要求（试行）》，明确规定了教学目标、教学原则、教学内容、教学方法等以来，各高校不断加强大学生创新创业教育课程建设，大部分学校均开设了创新创业的理论、实务和实践类相关课程。高校创新创业教育课程设置更加科学，主要表现在以下几个方面：

第一，广谱式课程教学全面展开。各高校依托学校职能部门相关资源、基层院系学科力量，均已面向全校学生开设创新创业选修课或必修课或设置创新学分、实践学分、创业学分予以兑换，创新创业课程基本实现全覆盖。北京大学鼓励有能力的单位和院系开设相关课程，目前已开设 5 门通识选修课，包括"创业基础""创业实践""创新工程实验课""共享创业的理论与实践"以及"创业投资管理"，每门课 2～3 个学分；东北大学开设了"KAB 创业基础""创业设计与实践"等 18 门创新创业教育通识选修课程。电子科技大学为本科生设置了 4 学分的创新必修学分，这类学分可以通过成功创业以及在创业比赛中获奖来换算，其中市级奖项为 1 分，省级奖项为 2 分，国家级奖项为 4 分。

第二，精英式课程教学探索实施。各高校在广谱式教学课程设置的基础上，对于创新创业教育的深层次培养方式加以探索。通过开设辅修专业、创业实验班、合作项目、合作班的形式，小规模、有针对性地进行教学训练。清华大学组织 2 ～ 3 个院系共同开设辅修专业，如互联网金融创新辅修专业。北京交通大学在计算机学院开设创业实验班，由计算机学院和经济学院共同管理，共同培养有能力、有意愿投身创业的学生。成都中医药大学设立校企合作模式的"太极班"，该班由综合能力优异的大二学生组成，每名学生有 60 个学时的实践实习学分，并赴太极制药有限公司的实践基地进行为期 6 个月的实践训练。

第三，专才型课程教学崭露头角。目前，我国高校在创新创业人才培养方面相对较弱。高层次创新型人才匮乏、人才创新创业能力不强等是我国人才发展面临的主要问题。个别高校已经认识到创新创业专业的重要性，相继通过设计第二学位、规划突破第一学位、推荐建设研究生专业学位等方式，将这一重要领域补充起来。清华大学已将创新创业教育专业学位设置提上议事日程，计划逐步实现对创新创业教育第二学位和第一学位的授予。

第四，"双创"课程体系建设各具特色。各高校结合自身实际，在课程设置、课群划分、体系构建上形成自己的特色。上海交通大学在创业学院下开设创新创业课，并设计课程模块，具体分为导入模块、核心课程模块、特色课程模块、专题研讨模块、实践模块、实战模块和企业发展模块，并且在每个模块下层层深入，实现层级式培养。

（三）创新创业教育教学方式日益丰富

结合创新创业教育特色，各高校遵循教育教学规律和人才成长规律，以课堂教学为主渠道，以课外活动、社会实践为重要途径，充分利用现代信息技术，创新教育教学方式，努力提升创新创业教育教学质量和水平。主要体现在四个方面：

第一，以讨论式、参与式、体验式创新课堂教学方式。总体而言，课堂知识传授是高校普遍做法，但高校根据创新创业课程特点，也探索了多种实践教学方式，以弥补传统课堂教学的不足。北京大学探索形成了"课堂思辨＋网络互动＋大赛训练＋创业实践"的 4G 创新创业教育方法，同时积极拓展与国外一流大学之间的创业国际交流项目。

第二，以多元化实践平台拓展实践教学渠道。各高校充分整合校内外资源，依托各类创业训练营、创业社团，以大学生创新创业实验室、科技园、创业园、孵化器等为阵地，组织开展灵活多样的创业讲座、创业训练、创业模拟、创业大赛等活动，开展学习参观、市场调查、项目设计、成果转化、企业创办等创业实践活动，拓展实践教学渠道，实现对第一课堂的有益补充。

第三，以"小班教学"模式改进班级设置。通过小班教学，教育重心由教师主体转向学生主体，真正强调学生在班级活动中的主体地位。清华大学根据校办教学需要改进教学，采取自由教学形式，突破传统以教师讲授为主的教学模式。南京大学通过小班上课的方式，打破年级限制，所有课程都是开放式的，不体现专业性，采取研讨、讲授、体验等多种方式进行教学。

（四）创新创业教育师资队伍初具规模

各高校都呈现专兼结合、校内教师和企业认识相结合的创业教育师资队伍局面。师资队伍包括商学院、管理学院的专人教师，也包括就业职能部门教师、各学院党委副书记、团委书记、辅导员等学工部门的兼职教师，同时由校外的创业成功人士和优秀企业人士担任创业导师。中山大学创业学院实施"三导师制"，即为创业学院的每名学生配备专业导师、创业学院导师和企业家导师，创业学院的 3 名专职教师均为工商管理学科背景，其他专业导师和企业家导师均由校内其他学院教师和校外企业家担任。

尽管随着创新创业教育的深入推进，各高校基本形成了自己的创新创业教师队伍，但是还存在专人教师少、学历高、职称低的特点。同时，各高校都非常重视对创新创业教师队伍的培养，注重通过创业专业认证和培训的方式提升师资质量。一是在师资选拔上，把好入口关，遴选有经济学、管理学专业背景的教师为创业教师；二是开展师资培训，兼职教师上岗前均需通过有关业务培训（如 KAB/SYB）。

（五）创新创业教育机构更加完善

为推动创新创业教育发展，落实国家相关要求，各高校积极进行创新创业教育机构设置的完善或重组。在机构设置方面主要有创新创业领导小组负责制、多部门联合负责制、专门创新创业教育机构负责制等类型。

第一，创新创业领导小组负责制。创新创业领导小组主要分为"领导小组—工作组（部门）"和"领导小组—学院"两种类型。"领导小组—工作组（部门）主要有北京大学、清华大学、北京交通大学、东北大学、黑龙江大学、南京航空航天大学等高校，清华大学成立以校长为组长，以主管教务工作和学生工作的校级党政领导为副组长的领导小组，由教务处牵头协同各工作组开展相应的工作。"领导小组—学院"型主要以深圳职业技术学院为代表，学校实施"一把手"工程，学校党委书记和校长任学校学生创新创业教育指导委员会主任，各学院院长担任委员，负责各学院的创新创业教育工作。

第二，多部门联合负责制。多数高校以此种方式开展本校的创新创业教育工作。东南大学的创新创业教育工作由教务部门负责，创业竞赛由团委牵头，创业孵化由科技园区实施，实现了创新创业教育的有机联合；华中科技大学将启明学院变为学生创新创业的集中培养基地，由教务处负责启明学院的学生创新活动、创业教育，由团委负责带领创业学生团队，指导学生创业活动、赛事。

第三，专门创新创业教育机构负责制。部分高校成立专门的创新创业教育机构负责开展本校的创新创业教育工作。创新创业机构的形式主要以就业创业指导服务中心和创业学院为主，创业学院又包括校内管理和校际联合两种类型。

（六）人才培养质量不断提升

自我国开展创新创业人才培养至今已经有二十余年的时间，自教育部明确规定将"创业基础"作为高校必修课已有十年的时间。虽然相较于其他专业课程来说，创新创业教育的发展历程较短，但悠久的创新创业文化传统与国家政策的大力支持，使高校培养出了大批优秀的创新创业人才。随着时代的发展和高校人才培养水平的不断提升，我国的创新创业人才培养不仅在人才培养数量上明显增多，而且在人才培养质量上也有了很大的提升。我国人才培养质量的不断提升主要表现在以下两个方面。

1. 人才创新创业素质明显提升

我国人才培养质量的不断提升集中体现在人才创新创业素质的显著提升上。根据相关调查研究显示，接受过高等教育的创业者数量不断增加，创业者的年龄呈现年轻化的趋势，而且创业的成功率也相较前些年有了很大的提升，其中有国家政策支持的助力，当然，更少不了高校创新创业人才培养质量的提升。

大量的学生在毕业后选择创业的道路，不仅仅是为了解决自身的就业问题，更多的是在接受了系统的创新创业教育后，自身的创新创业能力有了显著的提升，且具备了较高的综合素质，在这种基础上，学生主动进行创新创业的实践，以期更好地实现个人价值。各高校也涌现出一批在校生或者毕业生的创业典型。例如，东南大学通过扶持和培育，涌现出"海善达""万事屋"公司等创业成功案例。这类公司是以技术创新占领市场的典型，学校创业中心孵化的毕业生创业企业"途牛旅游网"已在美国成功上市。

2. 人才培养模式不断优化

我国人才培养质量的不断提升还体现在人才培养模式的不断优化上。随着国家和高校对于创新创业人才培养重视程度的不断提升，高校创新创业人才培养无论在教学内容上还是在教学模式上都有了很大的突破，教学模式不再局限于课堂，而是通过校企合作和建设创新创业教育科研机构等措施，给予学生充分的实践机会，使学生能够在实践中不断深化对于理论知识的理解，并将实践中遇到的问题带回课堂，与教师和同学共同研讨。

在产教融合的大背景下，我国高校不断深化校企合作，构建政、企、学、研四位一体的人才培养系统，整合各方教育资源优势，为创新创业人才的培养提供坚实的保障，不断提升人才培养的质量。

第四章

我国高校创新创业人才培养优势分析

....

当下"双创"的理念日益深入人心，高校创新创业人才培养效果显著，人们的创业激情高涨，创新成果丰富，极大地推动了我国社会各领域的发展。这一系列成绩的取得离不开我国良好的创新创业环境。本章选择从我国创新创业的政策环境、创新创业的文化环境及创新创业的资源体系支撑三个方面来论述我国高校创新创业人才培养优势。

第一节　创新创业政策环境分析

　　任何实践的开展都离不开环境的支持，人才培养作为关系到国家未来发展的重要的实践活动更是如此。环境的类型有很多，包括政策环境、文化环境、教育环境、社会环境、家庭环境等。不同类型的环境在内涵上有相互重合的部分，同时具有自身所特有的内容。在诸多环境因素中，政策环境对于创新创业人才培养的影响最为直接。本节从我国创新创业政策的内容以及体系架构两个方面出发，对我国的创新创业政策环境优势进行全面分析。

一、政策环境对人才培养的意义

　　政策环境有两个含义：一是政策制定者进行决策时所依据的各种外部的情况、条件及影响整个社会发展及其内部子系统发展的各种因素的聚合，即政策制定所处的环境。二是政策带来的环境，即政策的制定与实施对于不同类型实践活动的影响。我们讨论创新创业人才培养的政策环境时，使用的是第二种解释，即政策环境指的是国家相关政策对于创新创业人才培养的影响。

　　在中国特色社会主义建设的新时代，创新成为引领发展的首要驱动力，"双创"更是成为新时代重要的发展战略。人是实践的主体，实现"双创"离不开高素质的创新创业人才，而良好的政策环境对于人才培养具有重要的促进作用。无论是创新创业实践的开展，还是创新创业人才培养，都面临着许多困难，存在着较大的可提升空间。我国制定一系列政策鼓励创新创业实践的开展和高素质创新创业人才培养，切实解决创新创业过程中所面临的资金不足、经验缺乏、风险承担能力较差、创新创业技能不足、实践机会不足等问题，并鼓励和引导政府、高校、企业开展合作，充分发挥各方的教育资源优势，为创新创业人才培养提供强有力的保障。

二、"双创"政策环境的持续健全

"双创"自被提出以来，逐步发展成为我国重要的发展理念，国家也围绕这一发展理念不断健全与完善创新创业相关支持政策，为创业创新清障搭台，为市场主体释放更大空间，让人们在创造物质财富的过程中实现精神追求。

国家围绕"双创"出台一系列相关支持政策，不仅为创新创业实践提供足够的政策支持与保障，鼓励和支持越来越多的人投入创新创业的时代大潮中，也为创新创业人才培养提供足够的支持，为"双创"更好地实现提供有力的人才保障。

"双创"政策环境的持续健全为高效推进创新创业人才培养提供了强有力的政策保障，因为高校是不以营利为目的的育人组织，其关注的是社会效益而非经济效益，但与此同时，高校在人才培养的过程中需要倾注大量的时间与资源，因此，政策的支持是推进高校育人水平提升的重要保障。以创新创业人才培养为例，创新创业人才培养不仅需要教授学生具体的创新创业知识，还需要为学生提供优质的实践平台与足够的实践机会，在这一过程中，无论是协同育人的开展，还是资金、技术的支持，都需要国家政策的支持。

三、颁布大学生创新创业支持政策的目的

（一）加强高校创新创业教育

加强高校创新创业教育是培养创新创业人才最主要的途径，政府出台相关政策支持大学生进行创业，首先就需要让大学生有条件接受足够的创业教育，因为创业实践的开展是建立在足够的创业知识的基础之上的。政府十分重视创业教育相关政策的制定与落实，从《创业教育试点工作座谈会纪要》出台以来，在创新创业教育方面先后发布了《教育部关于大力推进高等学校创新创业教育和大学生自主创业工作的意见》《普通本科学校创业教育教学基本要求（试行）》《关于深化高等学校创新创业教育改革的实施意见》《国务院关于推动创新创业高质量发展打造"双创"升级版的意见》《关于做好深化创新创业教育改革示范高校 2019 年度建设工作的通知》等多项政策，这些政策不仅包含高校创新创业教育的国家战略目标，还包含"为实现战略目标所制定的活动方针与行为准则以及关于目标与行动合法性的价值理念与技术知识"。[①]

（二）推进建设大学生创业实践及孵化基地

大学生创业实践及孵化基地的建设一般是由政府、高校以及不同类型的社会力量合作开展的，各地主管部门积极协调当地有关部门，充分利用产业科技园、经济技术开发区、高新技术开发区以及大学科技园等资源，出台一系列扶持大学生创业的政策。

政府与高校积极整合创业教育资源，依托大学科技园等综合性科技服务平台，建立创业实践基地以及孵化基地，为大学生配备专业的导师队伍，提供专业的创业知识与技能培训，为大学生创业教育与培训提供

---

① 蔡禾.社会学学科的话语体系与话语权 [J]. 社会学评论，2017，5（2）：28-32.

资金与场地等资源的支持。

（三）强化对高校毕业生自主创业的政策扶持

1. 鼓励高校毕业生自主创业

政府的政策对于大学生创业意向具有非常重要的影响。为鼓励高校毕业生创业，2011 年财政部、国家税务总局联合发布《关于支持和促进就业有关税收政策的通知》，明确自主创业的毕业生从毕业年度起可享受三年税收减免的优惠政策。该政策的出台实现了针对高校毕业生自主创业的"税收优惠、覆盖在校、网络申领"的三大突破，对于高校毕业生自主创业行为给予了大力支持。

2. 积极组织面向高校毕业生的创业培训

积极组织面向高校毕业生的创业培训，并与就业指导、咨询服务、后续扶持有机结合起来。充分利用各级劳动保障部门远程创业培训网络和创业培训项目，集中开发一批适合高校毕业生的创业项目库，搜集一批创业信息，为高校毕业生创业提供帮助。例如，云南省通过 11 个专项行动全力促进高校毕业生就业创业，"为高校毕业生创业精准提供政策解读、创业培训、融资对接、成果转化等一体化服务，全年组织大学生等青年人才创业培训不少于 2 万人"。

3. 优先安排创业场地

创业场地是创业实践开展的重要基础设施，同时，创业场地的建设需要一笔巨大的资金投入，这对于刚迈出校门的有创业意向的毕业生来说无疑是一种巨大的负担。政府按照相关法律、法规规定的条件，程序和合同约定，为创业者安排创业场地，或者放宽创业场地的相关限制，满足创业者基本的创业需求，在优先保障创业场地的前提下，注重加强基础设施与相关配套建设。2022 年 5 月，发布《国务院办公厅关于进一步做好高校毕业生等青年就业创业工作的通知》，明确要求"政府投资开发的创业载体要安排 30% 左右的场地免费向高校毕业生创业者提供。"

4. 落实具体资金优惠政策

（1）注册登记方面的优惠政策。注册登记方面的优惠政策主要由两方面构成：一是简化创业登记程序。各级工商部门为高校毕业生设置"优先登记注册"窗口，简化高校毕业生办理营业执照所需要的材料。二是对高校毕业生创业过程中各类注册登记费用与工商管理费用的减免。

（2）融资、贷款方面的优惠政策。关于大学生创业资金支持的优惠政策，主要有以下三个方面：第一，大力支持大学生创业贷款，为高校毕业生制定专门的贷款政策，对于信用良好，还款有保障的大学生创业者，可以增加信用贷款的发放。第二，简化大学生创业贷款的相关手续。第三，通过优惠政策，降低大学生创业贷款的利率。

（3）税费减免方面的优惠政策。税费减免是最为常见的创业政策扶持措施，政府制定相关优惠政策，给予符合条件的企业相关税费减免。比如，针对不同行业的大学生新创企业，实行第一年免征企业所得税，之后按照具体情况减免企业所得税。

5. 简化开业政策

开业政策关注的是大学生创业活动的开端问题，是大学生取得企业法人资格或经营资格的政策。市场准入门槛对于大学生创业来说无疑是一种挑战，大学生具备创业所需的知识与技能，但是缺乏相关生产经营经验，先期创业条件也有所欠缺，因此，如果面对较高的市场准入门槛、面对创业，就会很容易望而却步。

国家推行一系列政策，降低市场准入门槛，并禁止任何部门、单位与个人干预创业企业的正常经营。国家于 2015 年推行"三证合一"制度，即推行工商营业执照、组织机构代码证、税务登记证三证合一，并规定注册企业场所可以"一址多照"，同时为大学生创业开放"绿色通道"。

这一系列政策都是为了放宽新注册企业登记的限制条件，简化创业相关的办事程序，使大学生创业更为便捷、高效。

第二节　创新创业文化环境分析

文化环境对于高校创新创业人才培养与创新创业实践来说同样十分重要。与政策环境和不同类型的软件、硬件资源相比，文化环境的影响并没有那么直接。文化环境所涵盖的范围更大，对于创新创业的影响是潜移默化的，也是深远持久的。

一、创新创业文化环境概述

（一）文化环境的概念和特征

1. 文化环境的概念

环境指的是人类生存的空间及其中可以直接或间接影响人类生活和发展的各种自然因素与社会因素的总和。环境包括自然环境与社会环境，涵盖了能够对人们的生产生活及思维活动产生影响的一切存在。根据人们实践类型的不同，不同的环境对其影响也不同。我们在讨论人才培养的文化环境时，更多强调的是社会环境，因为人才培养是人类社会十分重要的一种实践活动，其目的是为社会发展培养更多的高素质人才。人才培养必须符合社会发展的需求，也只有这样，才能使大学生顺利走向社会。从人才培养的目标到人才培养的过程，再到人才培养的成果，都是建立在与社会环境充分联系的基础之上的，社会因素对于人才培养的影响要远高于自然因素。因此，我们在讨论人才培养的环境时，重点强调的是社会环境。

在明确了文化与环境的内涵后，我们就可以对文化环境的概念有一个相对清晰的认知。广义的文化环境指的是主体认识活动赖以进行的各种文化条件的总和，它是物质文化、精神文化、文化传统、文化发展状况、文化交流情况等不同文化要素的有机融合。狭义的文化环境指的是存在于人类主体周围并影响主体活动的各种精神文化条件状况的总和，主要包括教育、科技、文艺、道德、宗教、哲学、民族心理、传统习俗等方面。广义与狭义的文化环境之间最核心的区别就在于是否包括物质文化。我们在研究创新创业文化环境时，将文化环境的广义与狭义概念结合进行分析，并以精神文化为主要研究对象。

综上所述，我们认为文化环境一般指的是影响社会的基本价值、观念、偏好和行为的各种精神文化因素的总和，是人类生产生活实践赖以存在和发展的综合背景。不同类型的文化环境对于大学生创新创业的影响程度也不同，以价值观念与社会文化为代表的文化环境因素对于大学生创新创业的影响最为显著。

2. 文化环境的特征

（1）深远性。文化环境的深远性源于文化的深远性。文化源于人们的生产生活实践，伴随着人类认识自然和改造自然水平的提升而发展，随着人类社会组织形式的变化而不断丰富，文化是根植于人们内心深处的对于自然、社会及自身的认知，与人们的生产生活联系十分紧密。

文化环境的深远性还体现在其对人们行为的影响是潜移默化的。文化对于人的影响是润物细无声的，也是最为深刻的，文化深刻影响着人们的世界观、人生观和价值观，对于人们的行为具有重要的指导作用。

（2）多样性。伴随着人类社会的发展，文化也呈现多样化发展的规律。由于地理环境、生活环境、物质精神发展水平、历史文化传统、教育发展水平等因素的差异，不同地区的文化环境普遍存在较大的差异。文化环境的多样性造成了不同地区人们思维方式与行为方式的多样性，因此，在进行人才培养或者其他的实践活动时，需要重视文化环境的差异。

（3）复杂性。文化环境的多样性造就了文化环境的复杂性。文化环境各要素之间的关系是复杂的，不同文化语境之间的联系与区别是复杂的，不同文化环境对于人们思维方式与行为方式的影响机制是复杂的。同一文化环境自身也并非一成不变的，文化环境会随着时间的变化而不断产生变化。比如，人们对于创新创业的认知就与国家与市场的开放程度、社会经济的发展水平、教育理念等因素密切相关。

（4）联系性。文化环境的联系性主要体现在两个方面：其一，文化环境的各要素之间是密切联系的。文化环境是一个复杂、统一的整体，各要素之间相互依存、相互影响，也正是在这种多要素的互动中，才形成了一个系统的文化环境。其二，不同的文化环境之间是相互联系的。随着科技的进步和全球化进程的加快，不同文化语境之间的联系日益紧密，文化交流日益频繁，这种文化的联系使得文化环境的内容始终处于不断的发展变化之中，其对于人们生产生活实践的影响也不断地发生着变化。

（二）创新创业文化环境的内涵及其包含的主要维度

1. 创新创业文化环境的内涵

创新是创业的核心要素，包括推动社会经济发展的技术创新、组织创新、方法创新和系统变革及其创新价值的实现过程。这一切都需要创新者具备创新意识、创新思维和创造能力，以及具有创新情感和人格等要素。创新情感和创新人格是人文素质的外在体现。从事创新的人，不仅要具备理论知识，还要具备人文修养，而这种人文修养的来源主要有两个途径：一是学习，二是所处环境的文化熏陶。

高校创新创业教育不只是培养狭义上的企业家、职业人，还要培养具有综合素质和职业可持续发展能力的创新创业者。创业者素质的内涵与特质，不仅要以专业知识和专业技能为基础，更要以文化素养为支撑，需要自身人生观、价值观和外部文化环境等多方面来共同塑造。由此可见，创新创业文化环境对于高校创新创业人才培养是非常重要的。

在详细阐释了文化环境的内涵与特征之后，我们对于创新创业文化环境也能够有一个更加直观的认知。顾名思义，创新创业文化环境指的是对创新创业实践具有深刻影响的社会基本价值、观念、偏好和行为的各种精神文化因素的总和。创新创业文化环境包括社会对创新创业的一般认知、高校对创新创业人才培养的重视程度、社会普遍舆论对创新创业的认可程度等。

创新创业的文化环境对创新创业实践的开展和创新创业人才培养具有十分重要的影响，因为其潜移默化地影响着人们对于创新创业的认知。鼓励创新创业的文化环境有利于创新创业实践的开展，反之，相对保守的社会文化环境则不利于创新创业实践的开展。

良好的创新创业文化环境，不仅有利于区域创新网络的环境建设，而且能有效推动区域创新创业活动的开展。硅谷"允许失败的创新，崇尚竞争，平等开放；容忍跳槽、鼓励裂变；崇尚竞争、乐于合作"的精神孕育出大量创新型企业，培养出大量具备创新精神的优秀人才。中关村"科学民主、与时俱进""鼓励创业、容忍失败""自主创新、产业报国"的创新文化，不但为区域的科技创新和人才集聚创造了有利条件，而且为区域的持续发展创新注入了活力。

2. 创新创业文化环境包含的主要维度

（1）理论维度。创新创业环境建设需要将创新的理念根植于高校人才培养的各个环节之中，将创新创业的意识内化于学生的内心之中。创新创业精神是创业者激情和动力的源泉，是把职业要求内化为信念、道德和心理的力量。创新理念先于创新行为。创新理念是理性思考的产物，是精神文化、信念内化于心的过程。理念内化于心，个体才能从思想上接受，并自觉转化为实际行动。

创新创业理念的形成是一个循序渐进的过程，高校应科学推进理念与实践的结合，应有针对性地对创新创业精神、创新创业价值观、创新创业信念等内涵通过制度、行为、形象等形式进行传播；利用校园宣传媒体，宣传创新文化的内容和精要；通过树立和表彰典型模范，为广大师生树立学习的榜样。

（2）环境维度。良好的创新创业文化环境一定是开放求新的环境，因为新的思想、新的理念、新的技术都是在一个相对开放、包容的文化环境下，由不同思维交互碰撞产生的。思维交互碰撞，信息交流和沟通，信息壁垒就被逐渐打破，新的思想和创意便从中产生。轻松和包容的思想交流的场所，可以迸发出创业思维的火花，也可以潜移默化地影响那些没有创业意识的人，并激发其创业的想法。为创业智慧培养提供思想交流的场所，创造一个保持信息开放性的环境，可加快创新思维突破。①这就要求高校在教学管理、文化交流、社会参与上加强与其他主体的互动，为创新创业人才培养营造一个更好的环境。

（3）实践维度。创新创业人才培养具有很强的实践性，因此，无论是教学内容、教学过程还是教学评价，都应该突出实践性的特征。创新创业实践教学的过程，是帮助学生发现问题、解决问题、实现沟通交流

---

① 王爱文. 高校创新创业教育发展动力机制研究 [M]. 广州：中山大学出版社，2019：153-154.

能力提升的过程。因此，在实践层面推进良好创新创业文化环境的创建，就需要各教育主体做到学校与企业生产和行业需求密切结合，学生活动和专业教学密切结合，教师科研和专业教学密切结合。

不同的创新创业参与主体应共同搭建校内外创客空间、校企合作平台、创业孵化器和实践教育基地等多样化的实践教学平台。鼓励学生参加生产实践活动，课程实践项目尽量到社区、企业、经济部门等生产实践的一线去取材，做到理论与实践结合，让学生感受知识和创新的价值，感受科学理论知识应用的实际意义及社会、经济效益。打破环境的壁垒，充分调动高校、政府和社会的一切资源与力量，形成一种人才、信息、资金等要素的流动，全面开展创新创业的实践与探索。

（4）方法维度。创新创业人才培养文化环境的建设还应注重教学方式的运用。教学方式既是人才培养实践的重要组成要素，也是文化环境建构的重要助推力，科学的教学方法能够形成良好的创新创业学习氛围，有助于学生创新思维与创业能力的培养和提升。

营造浓厚的技术科研氛围，加强学生在科学技术、科学研究等方面的体验性学习，有利于培养学生学科学、爱科学、用科学的创新思维。同时，在教学中贯彻"以学生为本"的理念，注重学生个性的发展，也能够提升学生学习的积极性。

（5）主体维度。主体维度主要是从创新创业育人主体的角度出发对创新创业文化环境建设进行分析。当今时代，创新创业人才培养的主体不再局限于高校，而是包含了高校、企业、社会、政府在内的多元主体联盟。它以整合多方资源、培养大学生创业意识和能力、营造创业环境、实现高校教育和社会教育完美对接、提高大学生创业成功率为主要目标，将科学的创业教育理念、系统性的团队协作、科学的教育模式和孵化模式作为其主要运营模式。

多元主体协同育人，能够营造良好创业环境和创业氛围，加强大学生创业知识、实战能力、风险预测等创业所必需的能力，在一定程度上可以降低创业风险，提升大学生创业的成功率。[①]

二、积极营造良好的创新创业文化环境

（一）营造良好的家庭环境

家庭是人生的起点，是教育的起点，家庭环境对于学生的影响是不可忽视的，家庭是塑造学生性格、培养学生品格的重要环境，也是学生知识的重要来源。家庭在某些方面对于学生的教育作用，甚至是学校和其他的教育机构所无法替代的。家庭是一个具有面对面交往特点的初级群体，家庭成员在地理空间上充分接近，互动频率高。家庭教育对个体的社会化有至关重要的作用。

家庭教育要重视对于孩子的性格与价值观的培养，既不能一味溺爱孩子，也不能对待孩子太过严苛，要多给孩子锻炼的机会，多与孩子进行平等对话，帮助孩子在健康成长的同时，形成良好的人格与健康的习惯。

（二）营造积极求新的学校环境

学校作为教学活动开展的主要场所，对于学生的成长和发展具有重要的影响。校园环境会对学生的心理和行为产生巨大的影响，良好的校园环境可以促进学生身心的健康发展，充分调动学生的积极性和主动性，提升其学习效率，有利于学生良好学习习惯的养成。相反，不健康的校园环境会对学生的成长和发展产生不利的影响。学生的身心健康是其正常学习、生活、交往、发展的前提和基础，校园环境的好坏直接影响学

[①] 王爱文.大学生"创新力"驱动的创业智慧形成与培养路径研究 [J].市场研究，2017(9)：22-23.

生的心理健康,因此,校园环境的建设应该得到充分的重视。

相对于社会来说,学校是一个独立性相对较强、有着自身独特运行系统的特殊环境。学校是以传授知识为主要目的的,在学校这一环境内,学生能够系统、快速地开展知识学习。特别是对于大学生来说,高校人才培养具有极强的目标性与导向性,大学生在学校中开展以学习为中心的各种形式的活动,在这一过程中会受到校园环境的深刻影响,并反映在自己的学习与成长过程中。由此可见,学生各项素质与能力的提升与校园环境是密不可分的。

校园环境包括校园物质环境与校园精神环境。校园物质环境主要包括学校的建筑、设施、花草树木、硬件配套等。精神环境主要包括办学理念、校风、学风、教风、人际环境等。对于大学生创新创业能力培养来说,校园环境十分重要:校园物质环境能够为大学生提供创新创业学习的硬件支持,优美的校园景观能营造良好的学习氛围,能够使身处校园之中的学生心旷神怡,受到良好环境的熏陶,保持积极向上的学习状态。校园精神环境对于塑造学生的学习态度与创新创业精神是十分重要的,在教风、校风、人才培养理念中体现创新创业精神,有利于学生创新创业意识与创新创业思维的培养和提升。

校园物质环境与精神环境还体现在教学的各个具体环节的因素之中,如课堂环境、教室环境、课外实践环境等,这些因素是学生学习与成长过程中不可或缺的因素,对学生具有重要的影响。

(三)营造公平竞争的社会环境

相对于家庭和学校来说,社会是一个无比广阔的空间。在大学生创新创业能力培养中,社会环境指的是影响个体创新创业能力成长与发挥的社会背景与群体氛围。社会环境包括国家政策、社会风气、社会价值取向、经济环境、技术环境、经费支持及社会舆论等。

社会环境对于大学生创新创业能力培养的影响是宏观的。创新创业作为新时代引领发展的第一动力，国家与社会对其重视程度不言而喻，因此，社会各方对于创新创业人才培养的支持是毋庸置疑的。政策鼓励与资金支持可以为大学生创新创业能力培养提供良好的硬件与软件支持；宽松的管理体系可以使高校在人才培养的过程中拥有更多的自主选择权，能够在更大程度上发挥主观能动性，开展符合高校教学实践与学生自身的特点的创新创业教育活动，使大学生创新创业能力培养取得更好的效果；教育理念的创新创业和发展也有利于高校优化人才培养模式，提升人才培养质量；崇尚创新创业的社会风气则能够为学生创新创业能力的培养营造良好的环境，使学生追求创新创业，勇于创新创业。以上这些都是社会环境在创新创业人才培养中直接发挥作用的表现。

作为人们生产生活的主要场所，社会环境对于大学生创新创业能力培养的影响是无时不在、无处不在的。其中，营造公平竞争的社会环境对于大学生创新创业能力培养来说是十分重要的。公平竞争的社会环境对于大学生创新创业能力的培养和提升具有巨大的促进作用。公平既是一种评价标准，也是一种价值取向，营造公平竞争的社会环境，能够为创新创业实践提供有力的保障，能够让创新创业主体获取应得的回报，能够提升学生开展创新创业实践的积极性，使学生热爱创新创业、勇于创新创业，真正将创新创业驱动发展的理念贯彻到人才培养的各个环节之中。

第三节　创新创业资源体系支撑

创新创业人才培养若想取得理想的成果，不仅需要政策的支持和良好文化环境的熏陶，还需要充足的软件、硬件资源为保障，我国对于创新创业人才培养的重视，很大程度上就体现在为高校提供充足的资源保障上。

一、创新创业硬件资源日益完备

（一）创新创业实践教育基地建设日益成熟

推进社会创新创业发展的步伐，以创新带动社会发展，使"双创"真正落到实处，就需要大力促进创新创业人才的培养，为创新创业教育提供更好的硬件资源。创新创业实践教育基地是校企协同育人的优秀载体，是现代教学理念与应用型人才培养需求相结合的产物。同时，以创新创业实践教育基地为依托的人才培养方式是高校教学方法的重大创新。可以说，创新创业实践教育基地既是一个教育平台，也是一种体现现代教育理念的教学方法，还是一种多主体协同发展的优秀系统。

随着时代的发展与人才培养理念的更新，创新创业实践教育基地的类型不断丰富与发展，政府、高校与企业等建设创新创业实践教育基地的经验也日益丰富，新建立的创新创业实践教育基地普遍拥有较为完善的服务系统与物质资源保障，能够为创新创业人才培养提供优质的环境与相对全面的服务。

（二）创新创业教学手段、工具不断进步

教学活动是人才培养的关键环节之一，创新创业虽然不是一门传统的专业课程，但其对于人才的思维模式以及知识、技法的掌握仍有较高的要求。同时，成功的创新创业经验对于创新创业实践来说是非常珍贵的。因此，若想培养高素质的创新创业人才，必要的课程教学是不可或缺的。

理想的人才培养成果离不开先进的教学理念与教学手段。随着时代的发展，新的技术不断走进我们的生活之中，极大地促进了各行各业生产效率与质量的提升，对于教育来说同样如此。

创新创业人才培养具有鲜明的时代性，无论是教学内容还是教学目标，都必须体现时代发展进步的方向，并具有一定的前瞻性。因此，在创新创业人才培养之中，高校充分运用现代化的教学手段，从教学内容到教学方法，都充分体现时代的特色，具有鲜明的时代性与先进性。现代化的教学手段包括新建的教学理念、教学模式及新技术在教学实践中的应用，如多媒体教学、网络远程教学、虚拟教学平台等。

创新创业人才培养不能沿用传统的教学手段，无论是教学场所、教学方法还是教材等，都需要依据现代化的教学理念进行更新。比如，创新创业课堂教学需要多媒体硬件设施的辅助，教材也不再局限于纸质课本，教师可以将教学所需的材料通过多媒体展示给学生，还可以在网络这一虚拟世界搭建教学或实践平台，使学生足不出户便能体验到真实的创新创业实践，通过虚拟平台进行创业尝试，总结经验。

二、丰富的创新创业软件资源

(一) 良好的创新创业环境

自从"双创"理念被提出以来，国家更加重视创新创业在全社会层面的展开。国家对于创新创业的重视体现在方方面面：

在政策方面，国家出台一系列创新创业相关支持政策，帮助人们更好地开展创新创业实践，鼓励广大人民群众积极参与到创新创业的时代大潮中去。

在社会创新创业社会文化氛围方面，随着国家的宣传与鼓励，"双创"的理念逐步深入人心，逐步形成了浓厚的创新创业社会氛围。对于创新创业来说，社会文化氛围至关重要，因为社会文化氛围直接体现着一个社会的整体价值判断与价值取向，这种整体的价值取向对于个体的价值判断和行为选择具体有潜移默化的影响和重要的导向作用。积极开放、崇尚创新的社会氛围必然有利于创新创业实践的开展，人们也更愿意投身于创新创业的大潮之中。

在人才培养方面，国家重视提升高校创新创业人才培养的质量，将创新思维作为衡量人才综合素质的重要考察标准。随着时代的发展和教育理念的不断进步，高校更加重视人才综合素质的培养和提升，而在人才综合素质的组成之中，体现着鲜明时代特点的创新思维又是其中的重要内容。国家对于人才创新思维培养的重视，体现在高校不断丰富和发展创新创业人才培养的途径以及不断革新创新创业人才培养模式上。

(二) 良好的技术条件

技术创新是重要的创新类型之一，以技术为核心的创业实践也是普遍的创业类型之一，因此，创新创业实践开展的重要基础就包括技术条件。技术条件对于创新创业的基础性作用主要体现在以下几个方面：

第一，技术创新本身就是创新创业的重要驱动因素之一。对于许多创业活动，特别是首创型创业活动来说，技术创新是其重要的驱动因素，很多创业者正是因为掌握了某项新的技术，并发现了这项新技术带来的商机，才有了创业意识与创业动机。以这种动机展开的创新创业一般是首创型创业，创业所生产的产品能够对于现有市场格局带来显著的改变，而新技术的发现与使用则离不开国家整体科技发展水平的不断提升。

第二，科技的发展为技术创新创业提供了更多的可能。技术的不断发展是一个由量变到质变的过程，在这一过程中，科技发展的每一个成就都是为下一次技术飞跃所做的铺垫。我国始终重视科技发展的重要性，特别是迈入新时代以来，国家对于自主创新重视程度的不断加深使得我国取得了一系列的科技成就，科技正快速改变着我们的生活。当今我国市场中大量的创新创业实践正是基于现有的科技成果开展的，技术条件的日益成熟为创新创业提供了更多的发展方向。

（三）丰富的创新创业教育资源

人是实践的主体。创新创业作为人类历史中重要的社会实践活动，离不开高素质的创新创业人才。我国丰富的创新创业软件资源最集中的体现就是日益丰富的创新创业教育资源。丰富的创新创业教育资源主要体现在大量开设创新创业课程的高校、丰富的创新创业教学素材、良好的创新创业人才培养环境、高素质的创新创业师资队伍以及完善的创新创业体制机制配套等。丰富的教育资源可以保证高校创新创业人才培养的质量，使创新创业教育不再浮于表面，而是使学生掌握具体的创新技法与创业知识，切实提升学生的创新创业素质，为"双创"理念的落实与发展提供人才支撑。

第五章

高校创新创业人才培养的实践路径

···

　　经过前四章的分析，我们深入理解了高校创新创业人才培养的理论基础，分析了我国高校创新创业人才培养的优势与不足。那么，未来高校创新创业人才培养该如何深入推进，以不断提升人才培养质量呢？本章将着重从人才培养理念的更新、创新创业课程的优化、高水平师资队伍的打造、评价体系的构建及协同育人的推进等方面，探讨高校创新创业人才培养的实践路径与创新发展方式。

第一节　更新人才培养理念

　　理想育人成果的取得需要以科学的人才培养理念为指导，现代教育的发展是理念与实践协同的发展。我们只有更新人才培养理念，并在实践中坚决贯彻落实科学的理念，才能培养出更多符合社会发展需求的创新创业人才。

一、以社会主义核心价值观培育大学生创新创业价值观

　　社会主义核心价值观是社会主义核心价值体系的内核，体现社会主义核心价值体系的根本性质和基本特征，反映社会主义核心价值体系的丰富内涵和实践要求，是社会主义核心价值体系的高度凝练和集中表达。社会主义核心价值观对于巩固马克思主义在意识形态领域的指导地位、巩固全党全国人民团结奋斗的共同思想基础，对于促进人的全面发展、引领社会全面进步具有重要的现实意义与深远的历史意义。

　　创新创业人才培养的一个重要方面就是帮助学生树立创新创业价值观。大学生创新创业价值观是"大学生主体基于自身需求和国家、社会需要，在创新创业实践的基础上，对创新创业目标的认识以及在创新创业时采取的价值判断和选择标准，是社会主义核心价值观在创新创业上的体现，以'创造价值，讲求效率'为出发点，包含创新创业价值目标、创新创业价值评价、创新创业价值选择三方面内容，以大学生个体的全面发展为最高价值理想，以是否推动社会发展和维护人民根本利益为评

价标准。"①

社会主义核心价值观作为全体社会成员共同遵守的价值准则，也是大学生创新创业价值观培育的基本准则。社会主义核心价值观与大学生创新创业价值观之间体现为一般与特殊的关系，社会主义核心价值观"主导大学生创新创业发展方向、优化大学生创新创业运行过程、整合大学生创新创业价值诉求"②，对大学生的创新创业发展、素质能力培养起着本质规定作用。

在创新创业人才培养过程中，要注重以社会主义核心价值观培育大学生创新创业价值观，帮助大学生明确：创新创业方向要与时代同向同行，将自身发展与国家发展结合起来；创新创业行为要符合社会要求，体现创新创业中的责任使命；创新创业能力要以社会主义核心价值观个人层面的要求为标准，通过合理的价值手段，实现正当的价值目标。

二、坚持"以人为本"的教学理念

在高校创新创业人才培养过程中坚持"以人为本"的教学理念，主要从以下四个方面着手，具体内容如图 5-1 所示。

---

① 盛红梅.新时代大学生创新创业价值观研究 [D].长春：东北师范大学，2021.
② 宋妍，王占仁.论当代大学生创新创业价值观的引领 [J].国家教育行政学院学报，2017(11)：52-57.

图 5-1　"以人为本"人才培养理念的内容

（一）重视学生的主体地位

教育活动作为人类社会中重要的实践活动之一，同样需要坚持"以人为本"的理念，以学生为本，重视学生在教育活动中的主体地位。在高校创新创业人才培养过程中坚持"以人为本"教学的理念就要以学生为主体。教育工作者要科学引导学生进行创新创业学习与实践，重视学生自主学习能力的提升，凸显学生在自主学习中的主体性，科学制订人才培养方案。

（二）重视学生的个性化发展

在高校创新创业人才培养的过程中贯彻"以人为本"的教学理念，要重视学生的个性化发展。作为创新创业实践主体的人具有自身的独特性，也正是由于这种独特性，人类历史中数不胜数的创造性实践活动展现出与众不同的特点。创新创业是一个求新、求异的过程，因此，培养和提升大学生的创新创业能力应该重视学生个性的发展，不能抑制学生个性的发挥，要使学生能够在掌握基本知识的基础上充分发挥主观能动性，开展创造性实践。

（三）因材施教

因材施教的教育方法由来已久，在《论语·先进》篇中，就记载了孔子因材施教的典型案例。因材施教指的是教师在教学过程中，根据学生不同的认知水平、学习能力、性格特点及生活环境，有针对性地选择适合不同学生的教学方法进行教学。

具体到高校创新创业人才培养过程中，"以人为本"的理念需要教育工作者在教育过程中尊重学生个体的差异性，并能够根据学生不同的特点选择合适的教育方法，因材施教，充分挖掘学生的创新创业潜能，使学生能够通过创新创业教育，既获得基础性知识，又不会失去其个性，在创新创业实践中能够将创新创业的理念、方法、技巧与自身的特点充分结合起来。

（四）重视学生综合素质的提升

在高校创新创业人才培养的过程中贯彻"以人为本"的教学理念，还需要重视对于学生综合素质的培养和提升。高校人才培养的最终目的是促进学生的全面发展，为国家培养高素质人才，因此，培养和提升学生的综合素质是高校教育永恒的主题。

培养学生的创新创业能力是提升学生综合素质的重要环节，创新创业教育并不能使每个大学生都能开展成功的创新创业实践，取得显著的创新创业成果，却能使大学生具备较强的创新素质，在学习、工作和生活中用新的思维模式处理遇到的问题，灵活运用自身的知识创造性地展开实践。高校创新创业人才培养的目的并不是使每一个大学生都能变成创造家和发明家，而是提升大学生的综合素质，使大学生具备与时代需求相符的素质与能力，在符合社会对于高素质人才需求的同时，实现自身的更好发展。

三、重视学生创新思维的培养

（一）创新思维的内涵

创新思维是指发现、发明前人和同时代人所不曾创立的理论、知识、技术、方法、实物、模型等的思维活动和思维结果。创新思维是综合运用多种思维方式的一种思维活动。这些思维方式包括直觉、灵感、类比、想象、联想、形象思维、逻辑思维和模糊思维等。而且，许多非理性因素和心理过程也参与到创新思维的活动中。

创新思维即创造性思维，是与常规性思维相对而言的，创新思维的内涵也是在与常规性思维的比较之中得到的。常规性思维指的是利用已有的知识与经验去思考和解决问题，创新思维则不同，它不被已有的知识与经验所约束，人们可以根据客观实践条件，灵活运用自己所掌握的知识，创造性地思考和解决问题。

创造性思维与常规性思维的区别主要表现在两个方面：首先，从思维过程来看，常规性思维普遍有现成的经验、规律或方法可以遵循，而创造性思维则普遍不是按照既有的经验与规律展开的。其次，从思维成果来看，常规性思维的思维成果一般是已经存在的理论或实践成果，只有思维成果是前所未有的，才是创造性思维。

（二）创新思维的特征

创新思维具有鲜明的特征，这是由其本质和内涵决定的。创新思维主要有以下特征，如图 5-2 所示。

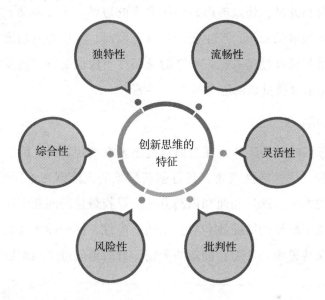

图 5-2　创新思维的特征

1.独特性

创新思维的独特性既体现在对旧有问题的独到认识以及对旧有规律的灵活运用上，又体现在于众多可能中探索未被触及的思维路径、采用非传统的方式和方法来审视和处理问题上。拥有创新思维的个体能跳出常规思维的限制，勇于质疑现状，不满足于表面的答案或现有的知识结构。创新者具有较强的创造性、想象力及将不同领域知识和经验交叉融合的能力，从而在看似平常的事物中发现不寻常的价值。通过这样的过程，创新思维不仅能够帮助人们创新性地解决实践问题，而且能够使人们在实践中实现新的突破，给社会带来前所未有的变革和价值。

2. 流畅性

创新思维的流畅性反映了个体对外界多样化刺激的反应能力和在短时间内生成多样化思维的能力。拥有这种思维特质的人能够迅速地对信息进行整合和处理，还能够跨越传统思维的边界，充分调动、整合自己掌握的不同领域的知识，产生新的见解。因此，在培养创新思维时，重视提升思维的流畅性是关键。思维的流畅性不仅仅是思维速度与效率的体现，更是思维质量和创造力的基础。

3. 灵活性

创新思维的灵活性体现在当面对复杂多变的环境时，能够灵巧地调整思维路径、快速转换视角。具有创新思维的人能够在不同的情境中，把握问题的本质，通过变通和创新方法，寻找最佳的问题解决方案。这种能力体现了思维的敏捷性和对变化的适应性，使个体能够在变幻莫测的环境中保持思维的活力和创新的激情，有效地促进了问题解决和创新成果的生成。

4. 批判性

创新是对旧事物的批判革新。批判性是创新思维的本质特征之一。具有创新思维的人不仅对已有的知识和理论持怀疑态度，还勇于对标准流程和被普遍接受的理论提出疑问。创新思维能够帮助人们通过表面现象，深入了解问题的根源。批判性的创新思维并不意味着全盘否定，而是基于深入分析进行有根据的反思。拥有创新思维的人能利用广泛的知识基础和经验，结合敏锐的观察力和想象力，探索未被发现的领域，挑战不再适用的理论或假设，推动知识更新和社会进步。

5. 风险性

创新具有高风险的特征。风险性也是创新思维的显著特征，集中体现在创新思维指导实践的不确定性上。这种风险性并非阻碍，而是推动人们勇敢尝试、敢于探索的动力。在创新过程中，失败并不是终点，而是通往成功的必经之路，为人们提供了宝贵的学习机会，其与实践充分结合，促使人们反思和调整策略。

6. 综合性

创新思维的综合性体现在能够跨学科、全方位地认识问题、思考问题。拥有创新思维的人不仅能对信息进行整合，还能深入理解和重塑这些信息，将看似无关、实则有内在联系的知识点联系起来。这样，人们能找到不同知识点的内在联系，并利用这种内在联系创造新的价值。创新思维的综合性不仅提高了创新的深度和广度，还使创新成果更具实用性。

（三）创新思维的类型

1. 发散思维与集中思维

发散思维与集中思维是对立统一的，两者在思维逻辑上相反，在创新思维过程中相辅相成。发散思维指的是个体在思考问题时，思路呈扩散状，思维视野广阔，思维路径多样化，能够多角度、多层次地对问题展开分析。这种思维方式有利于想象力的自由发挥，具有流畅性、变通性、灵活性与独特性。发散思维的流畅性集中体现为发散思维可以帮助人们在短时间内表达出尽可能多的观念、更好地接受和适应新观念。发散思维的变通性指的是人们可以通过类比、转化的方式触类旁通，使思维沿着不同的方向扩散和发展，克服头脑中僵化的观念，使思维呈现出丰富性。发散思维的灵活性体现为发散思维没有既定的模式和条条框框的限制，无论是思维过程还是思维结果，都表现出较强的灵活性。由于个体之间存在差异，个体的发散思维具有鲜明的独特性。个体通过发散思维可以探寻到异于他人的思路。

集中思维又称为求同思维或聚敛思维，与发散思维正好相反，是一种将思路回收、集中的思维方式。集中思维的特点是在众多的线索之中探寻结论，在纷繁复杂的材料之中寻求答案，将发散思维拓展出去的思路收拢回来，得到一个核心的思路。集中思维是一个求同的过程。

发散思维与集中思维可以分为以下三种思维模式：

一是破旧立新。这种思维模式旨在通过对旧有框架和概念的彻底拆解与重建，实现原始、纯粹的创新。创新主体对旧的事物进行全面的否定，通过引入新的观点、技术和方案，实现彻底创新。在这种思维模式下，创新主体不是对旧事物进行简单的改进或调整，而是勇于改变现状，用新的事物来完全取代旧的事物。在这一过程中，创新主体需要具备敢于否定传统、勇于探索未知领域的勇气和决心，以及在旧事物中发现和构建新事物的能力，从而推动理论与实践的飞跃。

二是集旧成新。集旧成新是指创新主体对现有的知识、技术、产品等进行深入的研究，了解不同知识点、技术、产品的相似性、差异性以及可能的内在联系。在此过程中，发散思维的运用至关重要。发散思维能够帮助创新主体跳出传统的思维框架，从多个角度审视和重构旧有的元素。

所谓"集旧"，创新主体不但要全面、综合地分析旧的事物，还要从中总结出全新的规律，并发现新的创造性组合。而这一过程就需要集中思维发挥作用了。集中思维可以帮助创新主体从发散的信息和元素中筛选出有价值的部分，去除那些无关紧要或有误导性的信息。通过对这些精选元素的深入分析，构建出一个新的、更为高效和协调的整体。这一过程不是简单的组合，而是一种深层次的融合和创新，它要求人们在保留各个元素核心价值的同时，能够让它们在新的结构中相互补充、相互增强；在创造出新产品的同时，能在更广泛的领域内推动知识的进步和技术的发展。

三是推陈出新。推陈出新的创新思维模式强调的是在旧事物的基础上，以改良为主要手段，以质量互变规律为价值观引导，追求进步和创新，因此，破旧立新的本质是革新与改良。尽管许多旧事物可能因为时间的推移和环境的变化而失去了竞争力与时效性，但它们仍然蕴含着未被充分认识或利用的价值。推陈出新要求创新主体能够在充分认识和总结旧事物的基础上，引导其向新事物变革。

在推陈出新的过程中，关键在于如何识别和挖掘那些仍具备潜在价值的旧事物，并通过创新的方法重新赋予它们新的生命力。这要求人们既要有敏锐的洞察力去发现和总结那些被时代遗忘但仍具有潜力的元素，也要有足够的创造力和实践能力去实现从旧到新的转变。这一过程不仅仅是对旧事物的简单修饰或改进，更是一种深度的再发掘和重塑，使其在现代社会中焕发新生，展现出新的价值和意义。

2. 逆向思维

逆向思维，也称求异思维或反向思维，指的是从反面或者对立面提出问题和思考问题的一种思维方式，这种思维方式能够"反其道而行之"，以背离常规的方法来解决问题，为人们提供解决问题的新思路。

按照人们思维的延伸方向划分，人们的思维活动分为正向思维与逆向思维两种。正向思维是沿着人们的普遍认知和习惯性的思考方式，由因到果思考问题，这种思维方式比较直接、有效，在解决常规问题时具有明显的效果。正向思维由于符合人们的认知规律与思维习惯，更容易被人们理解和接受。但是，正向思维并不是完美无缺的，而是存在着一定的不足，集中表现在对于疑难问题的处理和指导创新两方面。

正向思维是一种符合人们思维习惯的行为，但却局限在思维起点有限的认识范围，难以掌控思维过程中的诸多变数，从而未能对整体事件进行更为全面客观的认识。因此，在需要创新时，正向思维这种常规思维方法有时不仅不能解决问题，还会限制人们的思路，影响人们创造性的发挥。这时如果善于转换视角，从逆向去探求和思考，也就是采用逆向思维，往往会引发新的思索，产生超常的构思和不同凡俗的新观念，逆向思维也就体现了其独有的应用价值。

逆向思维与人们的思维习惯相反，因此，逆向思维的思维过程本身就是一个求新、求异的过程，具有创新的特征。从创新的内涵出发考察逆向思维，创新本身就是一种创造性的活动，是高于人们普遍认知和思维习惯，但又符合实践发展规律和事物发展方向的一种创造行为。创新的过程是对原有思维模式的一种突破，这与逆向思维求新、求异的特性十分契合，许多创新的思路都是通过逆向思维产生的，因此，逆向思维是创新思维的重要组成部分。

3. 形象思维

人的思维能力概括起来主要有两种，分别是逻辑思维能力和形象思维能力，逻辑思维能力较为抽象，而形象思维能力较为开放。相较于逻辑思维能力，形象思维能力侧重于直觉、灵感与创造，是思维原创性的主要源泉。

关于对形象思维的概念的界定，俄国著名文学批评家维萨里昂·格里戈里耶维奇·G. 别林斯基（Vissarion G. Belinsky）采用了"寓于形象的思维"和"用形象来思考"的提法，这也是较早的关于形象思维的观点。[①] 形象思维是在形象地反映客观事物形态的感性认识基础上，通过联想和想象来揭示对象的本质及其客观规律的思维形式。

形象思维的思维内容是具体的形象，这种思维是人与生俱来的一种本能思维，其思维的支柱是直观的形象与表象。形象思维在思考和解决问题时，注重对于事物表象的判断与取舍。形象思维是相对于抽象思维而言的，抽象思维属于理性认识，凭借抽象的概念反映事物的本质，随着人们的成长和接受教育程度的提升，抽象思维的地位会不断提升，但是形象思维对于艺术创作与创新实践具有重要的促进作用。

形象思维是依托具体的形象展开的，直观、具体的形象是形象思维

---

① 刘细发. 创造性思维概论 [M]. 南昌：江西高校出版社，2020.

的基本材料和对象。形象思维与抽象思维不同，其注重对于客观事物的直观反映，在形象思维的整个过程中，一直都离不开具体可感的形象。形象思维是通过联想、类比等形式，将大脑中所形成的许多意象联系起来，从而来反映、表现客观事物、社会生活。形象思维具有许多显著的特点，具体包括以下几点：

第一，形象思维具有想象性。想象性在形象思维中起着决定性的作用。想象指的是人们将感知到的表象通过头脑的加工形成新的形象的过程，属于一种高级的认知过程。想象既可以是根据已有形象在头脑中构建新形象的过程，也可以是通过一系列线索构建不在眼前的事物的具体形象的过程。

想象是自由奔放、不受时空限制的，人们通过想象，既可以使思维穿梭于历史长河，徜徉于过去与未来，也可以在同一时间跨越山海，纵横苍茫宇宙。人们对于形象思维的研究，很多就是从对想象的研究开始的。想象性是形象思维帮助人们开展创新活动的关键因素，有了想象，人们才能不拘泥于现实，充分拓展思路，在对实践具有充分认知的基础上赋予思维一定的前瞻性，引领实践的发展。许多创新性实践都离不开想象，如大量的发明创造，都是人们根据实践需求，充分发挥想象力并利用技术手段将其落实的成果。

第二，形象思维具有情感性。人们在展开形象思维的过程中渗透着强烈的审美感情色彩。人们在感知事物具体的形象时，会首先对事物产生审美情感与审美判断，这种审美情感的产生多是一种大脑对于客观对象的直接反映，而不是经过逻辑加工后的缜密分析，因此具有浓烈的主观感情色彩。

第三，形象思维具有粗略性。形象思维是人对外界信息产生的一种直观印象，因此，形象思维是一种非逻辑性的思维，它可以是跳跃的、非连续的、跨界的，也正是因为这种非逻辑性，形象思维对于客观对象的反映是整体的、粗线条的。

粗略性的特征决定了形象思维能够有更大的思维拓展空间，能够帮助人们拓宽思路，不拘泥于对客体本身属性的深入挖掘，而是在对事物性质有一个总体了解的情况下扩展思维。粗略性使得在通过形象思维分析问题时多是一种定性分析或半定性分析。

4. 直觉与灵感思维

直觉与灵感思维指的是基于自身的知识、阅历，或由于自身思维的刺激，或出于外界信息的刺激而进行的一种快速、顿悟型的思维。直觉与灵感思维是逻辑性与非逻辑性相统一的理想思维的过程。

直觉思维与灵感思维之间同样既有联系又有区别。两者的联系体现在两者都具有突发性和不可预见性，即两种思维的产生都具有一定的随机性，且两种思维都是大脑在收到一种突发信号的刺激时产生的，其形成具有的一触即发的特点。直觉思维与灵感思维之间的区别主要表现在两者产生的根源不同，直觉思维产生的根源是大脑存储的知识、经验、印象等信息的刺激，而灵感思维的产生则是源于大脑以外的某种信息的刺激。

5. 综合思维

综合思维指的是将客观事物的一些要素进行重新组合后形成一个新的思维或存在主体的过程。这些要素包括理论、方法、构思、技术、材料以及不同类型的物品等。

综合思维不是简单的拼凑，而是一种系统的组合。任何事物都是作为系统存在的，是由多种相互联系、相互依存和相互制约的因素按照一定的规律组合而成的。因此，人们在认识事物时，要以全面的眼光审视事物的性质与发展。综合思维要求人们要从整体出发去认识事物，以达到对于事物整体的把握，因此，综合思维的思维起点与思维终点都是整体。

人们在进行创造性实践时，要将事物放在系统中进行思考，既不能片面、孤立地观察事物，也不能局限于一种思维模式与方法，要全方位、多层次、多方面地对事物展开分析，准确把握事物的结构、性质、事实、材料及相关知识，找出事物之间的内在联系，综合利用各种思维方式开展创新实践，使创新活动符合事物整体的发展规律。

综合思维是一种对已有智慧和知识的综合与升华，而不是简单的拼接与组合，通过综合思维创造出的新整体，应该大于原本的部分之和，且具有新的内涵与特征。综合思维是一种在原有认识与观念的基础上进行新的突破，进而形成更具普遍意义的新成果的过程。

（四）大学生创新思维的培养路径

1. 帮助大学生突破思维障碍

培养大学生的创新思维，首先需要打破大学生的思维障碍。各种类型的思维障碍都在不同程度上制约着大学生创新思维的发展，倘若不能将其破除，其将成为大学生创新思维培养路径上的巨大阻碍。大学生需要突破的思维障碍主要有以下四种。

（1）从众思维。从众思维是从众心理在思维模式上的体现，指的是个体受到外界人群行为的影响，使自己的思维模式表现出符合公众舆论或多数人的现象。

从众思维是一把双刃剑，积极的从众思维能够为人们带来许多益处，能够统一集体的思想，使人们团结一致，锐意进取，有利于共同目标的达成。积极的从众思维可以帮助个体纠正思维的错误，使其回到正确的轨道，进而营造良好的社会氛围。但消极的从众思维会制约个体与社会的发展。首先，消极的从众思维会严重制约个体思维的发展，导致个体思维的丧失。其次，从众思维经常会导致集体性决策错误。

从众思维会导致个体在思考问题时丧失独立性，人云亦云。创新的重要特征之一就是首创性，需要创新主体的思维具有一定的独创性，若想培养大学生的创新思维，就必须帮助大学生突破从众思维障碍，敢于与众不同，能够提出自己的观点，善于独立思考。

（2）权威思维。权威思维指的是以权威人物的观点或权威思想为思维活动的指导，对于权威观点或权威人士说的所有观点，全部不假思索地一概接受的思维模式。

权威思维的主要表现形式有以下两种：第一，迷信权威人物。权威人物指的是在行业中拥有较高话语权的人物，多是资深专业人士或影响力较大的人物。在权威思维的影响下，人们会盲目迷信权威人物，将权威人物的观点作为价值判断的依据。第二，迷信权威观点。权威观点指的是权威人士提出的观点或受到社会普遍认同的观点，权威观点的优点是能够为人们的生产和生活提供良好的理论指导。但其缺点同样明显，即具有时效性，有些观点不能跟随实践的发展而发展，落后于时代，对于实践的指导作用降低，甚至不能指导实践的发展。人们倘若一味迷信权威观点，不但难以实现创新，甚至不能正确开展实践。

权威对于社会的发展来说利弊兼有，但是权威至上的思维却不利于社会的发展，因为创新需要在一定程度上打破权威，实现新的突破与发展。因此，培养大学生的创新思维，必须帮助大学生突破权威思维的障碍，使大学生勇于质疑，敢于突破。

（3）经验思维。经验思维指的是人们运用实践的直接体验及习惯传统观念而进行的思维活动。经验是人们从实践中总结而出的具有相对稳定性的信息，经验能够对人们的实践提供有效指导，使人们少走弯路，但也可能会导致人们对其过分依赖，导致思维固化，排斥理性分析。因此，经验思维同样是一把双刃剑，需要人们对其有清晰的认知。

创新是一种建立在实践基础上的创造性实践，无论是理论创新还是实践创新，都是一种新经验形成的过程，成功的创新活动会推翻其所属领域的原有经验或对其进行丰富与补充。培养大学生的创新思维，就需要让他们突破经验思维，对于经验有客观的认知，合理利用经验指导实践，并能够以实践为依据，具体问题具体分析，不受经验思维的禁锢，这样才能与时俱进，成功开创新实践。

（4）线性思维。线性思维是一种片面、直接、直线、直观、单向、缺乏变通的思维方式，线性思维忽略事物的本质，不能全面、深入地认识客观事物，这种思维方式很难把握复杂的现象及其本质。

线性思维沿着一条直线轨迹或一种逻辑关系看待或解决问题，这种方式的优点是直接有效，正确运用线性思维能够有效提升解决问题的效率，还有利于准确识别或集中的精力处理主要矛盾。

线性思维的缺点同样十分明显，线性思维是一种将多元变为一元的思维方式，不能深入、全面地认识问题。线性思维处理问题的逻辑是寻求事物变化中的可控要素，由此，就需要排除其中的不可控要素，倘若新问题的出现迫使人们去寻找新的可控要素，线性思维就很难应付这种局面了。线性思维广泛存在于我们的日常生活之中，例如，在处理诸多问题时的考虑不周，在很多情况下就是线性思维所导致的，因为线性思维不能全面地思考问题，就会导致在处理问题时有疏忽和遗漏，不够周全。再如，有些人在学习的过程中或者在生活中遇到困难不知变通，撞破南墙也不回头，这就是典型的线性思维。

新事物的诞生在很多情况下是不同类型知识与经验的结合，我们观察创新活动，就会发现其中不乏交叉学科研究和曲线思维的影子，因此，培养大学生的创新思维，打破大学生思维定式，就必须锻炼大学生的曲线思维能力，鼓励大学生广泛涉猎不同领域的知识，注重大学生的个性化发展，既要有直线思维的坚韧不拔，又要有曲线思维的灵活变通，两者相结合，才能激发大学生的潜能，帮助大学生充分发挥主观能动性，使大学生灵活应对各种问题。

2. 重视实践教学

实践性是大学生创新思维培养的显著特性，因此，优化大学生创新思维培养的课程设置，要提升对于创新实践课程的重视程度，强化大学生创新思维训练。

我国传统的高校教育重视研究型人才的培养，因此重视理论知识的教学，在一定程度上忽视了实践技能的训练。随着时代的发展，国家对于应用型人才的培养以及大学生实践能力的提升越来越重视。实践能力是大学生综合素质的重要组成部分，高校不但要使学生能够学会知识，还要帮助大学生将知识运用在实际的生产生活之中。创新思维培养课程作为以提升大学生创新思维为目标的课程，更需重视实践课程的教学。

实践课程的设置要注重课程之间的联系性，即实践训练课程要与理论教学课程有机结合在一起。在创新课程教学内部实行模块化教学，创新理论教学与相应的创新实践训练结合在一起展开教学，这样可以帮助大学生获取直接的创新经验，在提升大学生创新思维的同时，深化大学生对于创新理论知识的理解，同时可以使大学生在实践中发现新的问题，开辟新的思路。

同时，高校应注重创新实践课程与其他类型课程之间的联系。当今时代的创新具有知识交叉的性质，因此，高校应该以大学生为主体，将创新实践训练与大学生的专业课程、选修课程充分结合，通过创新实践培养和提升大学生对于不同类型知识的运用能力。

3. 训练大学生具体的创新思维能力

训练大学生具体的创新思维能力，就需要针对不同类型的创新思维展开培养和训练。具体内容如图 5-3 所示。

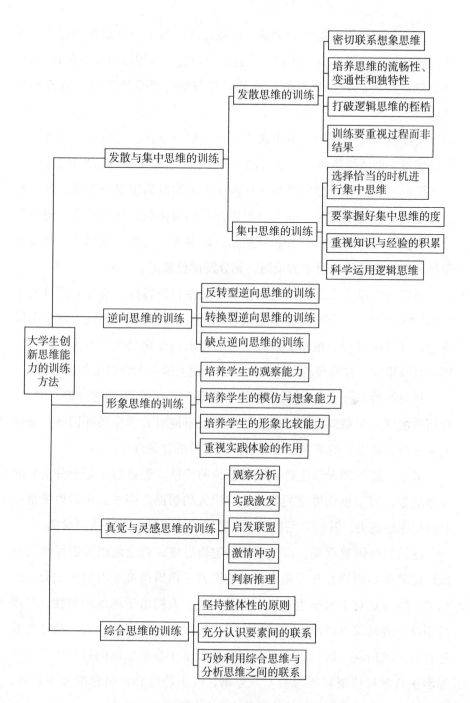

图 5-3 大学生创新思维能力的训练方法

（1）发散与集中思维的训练。发散思维与集中思维是相伴相生、相辅相成的两种思维类型，两者关系密切，但在思维训练方法上存在差异、各有侧重。我们分别从发散思维的训练与集中思维的训练两方面展开论述。

发散思维对于创造性思维来说具有重要的意义，可以说，如果没有发散思维，创造性思维将很难实现。训练发散思维要注意以下几点：

第一，密切联系想象思维。从内涵上观察发散思维与想象思维，两者之间有着密切的联系，这两种思维都强调思路的扩展与发散，想象思维可以说是发散思维的一种特殊类型。培养大学生的发散思维，就是要帮助大学生摆脱常规思维的束缚，充分发挥想象力。

第二，培养学生思维的流畅性、变通性和独特性。培养和提升大学生的思维能力，首先要保证学生的思维是流畅的；其次要使大学生懂得变通，在思维过程中根据实践或自身的需求的变化灵活变通，不能一味坚持直线思维。在流畅与变通的基础上帮助大学生构建思维的独特性。

从流畅性到变通性再到独特性，这是一个循序渐进的过程，因此，在培养大学生发散思维的时候，要按部就班地对大学生展开训练，保证对大学生发散思维的培养符合思维能力提升的客观规律。

第三，要帮助大学生打破逻辑思维的桎梏。逻辑思维是十分重要的思维类型，对于创新思维的发展也有很大的帮助。但是，逻辑思维是一种抽象思维能力，其特点是以概念、范畴等为工具去反映认识对象。

逻辑思维固然重要，但一味坚持逻辑思维，就会阻碍发散思维的发展。随着年龄的增长与受教育水平的提升，逻辑思维所占的比重会不断增加，特别是对于大学生来说，更是如此。人们由于思维的惯性，在进行创新实践时很有可能会受限于由逻辑思维而产生思维定式，难以有效进行思维的拓展。因此，在培养和提升大学生发散思维的过程中，要帮助学生科学对待逻辑思维与发散思维，既不能抛弃逻辑思维去谈创新，也不能受逻辑思维的禁锢，使思路难以拓展和发散。

第四，发散思维的训练要重视过程而非结果。创新具有一定的风险性，而作为创新思维重要的组成部分，发散思维的成果同样存在巨大的不确定性。训练大学生的发散思维能力，重点在于对大学生思维能力与思维习惯的培养和提升，而非以结果论成败。因此，在训练过程中，要强调思维过程的重要性，淡化思维结果的重要性，贯彻"以学生为主体"的教学理念，重视大学生的个性化发展，使大学生敢于发散思维、善于发散思维。

集中思维的特点是将多路思维集中到一起，指向某一中心，是一种收敛性思维。集中思维在我们的生活中非常常见，其基本内核是抽象与概括。集中思维的训练需要注意以下几方面：

第一，选择恰当的时机进行集中。创新思维的过程需要发散思维与集中思维交替进行，这是一种循环上升的发展过程。集中思维的任务是对发散思维进行阶段性总结。而这种总结时机的选取十分重要，既不能太早，也不能太晚，太早的话，会导致几种思维对分散思维的总结不到位，太晚的话，会使多条分散思维的思路延伸太长，难以收敛。

第二，要掌握好集中思维的度。集中思维是对分散思维的收敛与概括，需要精准总结出分散思维的可取之处，并能体现出其核心价值之所在，因此，集中思维总结的程度就变得十分重要。在训练大学生的集中思维时，要注重对其概括能力的训练，在概括时，既不能遗漏分散思维中蕴含的有价值的因素，也要使结论具有高度的概括性与实用性。

第三，要多方面、多层次地积累和运用知识与经验。集中思维需要思维主体具备充足的知识储备。因为分散思维具有很强的拓展性，只有具备丰富的知识与经验储备，才能对不同延伸方向的分散思维进行科学的收敛。为此，在培养和提升大学生集中思维能力的时候，要注重大学基础知识的学习与知识的拓展，同时要通过实践教学、课外实习等一系列活动，丰富学生的实践经验。

第四，科学运用逻辑思维。集中思维与分散思维相对应，分散思维强调形象与拓展，集中思维则重视抽象与概括。在分散思维的训练中，我们提到要打破逻辑思维的禁锢，这并不是说逻辑思维不重要，而是不能使大学生被逻辑思维所左右。逻辑思维对于创新实践来说同样十分重要，集中思维的训练就离不开逻辑思维。

由于集中思维是对分散思维的概括，那么就需要把不同的范畴、概念组织在一起，从而形成一个相对完整的思想，并加以理解和掌握，这是一个逻辑思维的过程，也只有这样，集中思维才能对创新实践起到积极的促进作用。因此，培养和提升大学生的集中思维能力，还要重视对于大学生逻辑思维能力的训练。

（2）逆向思维的训练。逆向思维是一种与常规思维思路相反的思维方式，逆向思维的训练可以从逆向思维的类型入手，主要有以下三种具体方式：

第一，反转型逆向思维训练。反转型逆向思维指的是从事物的相反方向展开思考，这种思维方式的训练通常需要培养大学生从事物的功能、结构与结果三个方面进行反向思维。比如，在数学几何模块的教学中，逆向思维有时能发挥奇效，因为几何学习对于形象思维的要求非常高，这就导致学生很容易陷入思维的泥潭，由于无法找到线索而难以对几何问题进行求解。这时候，不妨从结果入手。由于几何自身具有鲜明的形象性，学生可以先观察图形之间的关系，对答案进行猜想，再根据这种猜想反推解题过程，这种反向思维的方式在解决几何疑难问题或自身思路受阻时具有奇效。

第二，转换型逆向思维训练。转换型逆向思维训练强调思路的拓展，即在常规思维受阻的时候，不按照常规的逻辑进行思考，通过曲线思维转换思路，绕过困难，突破直线思维的障碍。

司马光砸缸的故事就是转换型逆向思维的典型应用。司马光无法爬进缸中救人，于是将思路转变为将缸破坏，最后顺利地解决问题。转换型思维的培养需要打开大学生的思路，丰富大学生的知识，培养大学生曲线思维能力，使学生在遇到困难时应该灵活机变。

转换型逆向思维的另一关键点是具有明确的目标意识，即善于发现事物的主要矛盾，明确问题的核心。在司马光砸缸救人的过程中，司马光认识到问题的核心是救人，而救人的方法则可以有很多种，于是他可以围绕"救人"这一核心问题充分拓展思路。因此，在训练大学生的逆向思维能力时，要注重锻炼大学生的目标意识与寻找主要矛盾的能力，使其能够充分把握问题的核心，进而创造性地探寻解决问题的方法。

第三，缺点逆向思维训练。缺点逆向思维指利用事物的缺点，将其变为可利用的东西，充分发挥主观能动性，化腐朽为神奇、化不利为有利，创造性地探索事物新的发展方向，或者发现全新的内容。缺点逆向思维训练并不是以克服缺点为目的的，而是发现缺点之中潜在的价值，化弊为利。

在人类的创新实践中，经常会出现缺点逆向思维的影子，有许多现代雕塑所使用的材料就是日常生活中的废品，这些废品由于种种原因丧失了原本的使用价值，但是艺术家经过创造性实践，不仅使废品产生新的审美价值，还充分利用了资源，保护了环境。再如，金属腐蚀是一种坏事，但人们利用金属腐蚀原理进行金属粉末的生产，或进行电镀等无疑是缺点逆向思维的一种典型应用。

训练学生的缺点逆向思维，要使学生善于挖掘事物的潜在价值，提升学生思维的广度与深度，在观察客观事物时，不拘泥于事物的原本属性，能够从多个维度探索事物的价值之所在。

（3）形象思维的训练。形象思维的训练对于提升大学生创新思维能力具有重要意义，大学生形象思维训练的主要方式主要有以下四种：

第一，培养大学生的观察能力。形象思维是以直观感受为基础的，这种直观的感受主要通过人们的感官得以实现，因此，训练和提升大学生的观察能力就是培养大学生形象思维的重要环节。随着时代的发展，我们获取知识的途径不断增多，从报纸、书本到电视、智能手机，我们可以足不出户就了解天下事。

世界上的任何事物都是对立统一的，科技发展虽然为人们的生活带来了极大的便利，但是，却也在不知不觉中弱化了人们的一些能力，观察力就是其中典型的代表。由于人们可以通过发达的网络获取想要的信息，于是逐渐忽视了观察的重要性，观察能力逐渐弱化，容易忽视生活中的细节。

在很多情况下，我们并不是没有能力看到生活之中的细微之处，而是对这些细节视而不见，这就是观察能力降低的典型表现。培养大学生的观察能力，需要激发大学生的好奇心以及对于周围环境的热爱，贯彻"以学生为主体"的教学理念，通过一系列教学设计来锻炼大学生的观察能力。比如，可以让大学生观察月相的变化，并尝试自主分析地月运动的规律；也可以通过多做实验，让大学生通过观察实验的过程及结果，分析事物的属性，总结其内在规律。

第二，培养大学生的模仿与想象能力。模仿思维能力指的是依据已有的思维模式和认知来模仿认识未知事物的思维能力。模仿思维能力在形象思维中表现为一种类比与联想的思维能力。想象思维则是人体大脑通过形象化的概括作用，对脑内已有的记忆表象进行加工、改造或重组的思维活动。

在创新实践中，模仿与想象在很多时候是联系在一起的，以模仿为基础展开联想与想象，是创新的重要路径之一。人们的许多创新实践都是以对客观事物的观察和模仿为创新源头的，人们以某种模仿原型为参照，并在此基础上通过形象类比、想象与创新性实践，创造出新的事物，如模仿鸟发明了飞机，模仿蝙蝠和海豚等动物发明了雷达与声呐，等等。

训练大学生的模仿与想象能力，不能只停留在课堂教学中，应该让大学生多实践、多观察、多想象，同时，需要注意知识的积累，没有基础知识支撑的想象是无源之水、无本之木，难以付诸实践，转化为创新成果。

第三，培养大学生的形象比较能力。形象比较是形象思维训练的重要组成部分，培养和提升大学生的形象比较能力是引导大学生发现事物内在联系的过程。培养和提升大学的形象思维能力，要求大学生不但要善于观察事物，还要善于对所观察到的现象进行分析，而对现象的比较就是这种分析过程的重要组成部分。对于形象的比较有多种类型，有对于同一事物不同时间呈现形象的比较，有对于同一时间内的不同事物属性之间的比较，还有不同现象之间的多维比较。事物的形态、特点、变化和发展规律等许多属性都是可以通过的比较分析出来的，而大学生的形象思维能力同样可以在这种比较过程中不断得到锻炼和提升。

第四，重视实践体验的作用。实践是认识的基础，也是培养和提升大学生形象思维能力的重要途径。形象思维作为一种感性认识，具有形象性、想象性、情感性和粗略性。形象思维的特性决定了其培养过程不能单纯依靠书本与课堂教学，因为纯粹的文字与图像会使大学生对于事物形象的感知大打折扣。若想切实培养和提升大学生的形象思维，就必须尽可能让大学生贴近实践，在实践中观察事物的具体形象，总结规律。

"纸上得来终觉浅，绝知此事要躬行"，认识要从实践中得来，特别是对于重视主体感受的形象思维来说更是如此。培养和提升学生的形象思维能力，需要让学生走出书本，通过在实践中的观察验证自己所学习的理论知识，这也是高等教育课外实践课程开设的重要目的之一。

随着时代的发展，各种知识的媒介如雨后春笋般涌现，其知识承载能力也远超出以往的任何一个时期，人们可以通过这些媒介，足不出户便能得到自己所需的知识与信息。不知不觉中，学习环境与真实环境已经逐渐脱离了，许多知识的学习已经不需要依靠真实的环境，这对于人们形象思维的发展来说是十分不利的。

形象思维是人们思维体系中重要的组成部分，是创新实践的重要思维基础，这就要求我们重视对于大学生形象思维的培养，在教学过程中让大学生时不时地回到真实环境中来。书本上的知识归根结底是一种间接的经验，不具有直观性，若想深化大学生对于理论知识的理解，使大学生在实践中获取直接经验，提升形象思维能力，就必须回归实践。

（4）直觉与灵感思维的训练。无论是直觉思维还是灵感思维，都是一种顿悟型的思维，这种类型的思维在训练时需要重视启发的作用。总体来看，直觉与灵感思维的训练方式主要有以下几种。

第一，观察分析。观察与分析对于直觉与灵感思维的训练来说同样十分重要。观察分析是开展创新实践的重要环节，这里的观察不是一般的观看，而是有目的、有计划、有步骤地去观看和考察研究的对象，通过深入的观察，可以发现平时容易忽略的现象，可以从各异的现象中发现其中的相似点，可以从纷繁复杂的现象中发现隐藏的规律。

当然，直觉与灵感思维的培养和提升要求大学生在观察的同时进行分析，观察的目的是发现问题，并为分析提供足够的材料，只有在观察的基础上进行分析，才能赋予观察活动以意义，才能引发灵感，形成具有创新性的认识。

第二，实践激发。无论是直觉还是灵感，其来源都是实践，直觉与灵感的产生是以实践为基础的，直觉与灵感的目的也是解决实践的需要。各项科技创新成果的诞生，都离不开实践需要的推动。

在实践的过程中，新的需求与新的问题总是不断出现，这些需求与问题促使着人们去积极地思考与探索。问题是科学的逻辑起点，科学的发展与创新需要人们不断地在实践中发现问题、思考问题、解决问题，而直觉与灵感也是在这个过程中被激发的。因此，培养和提升大学生的直觉与灵感思维，需要充分发挥好实践的激发作用。

第三，启发联想。联想指的是通过某人或某种事物想起与之相关的其他人或事物的一种心理现象，联想分为相似联想、接近联想、对比联想以及因果联想，这四种联想方式的思维逻辑有所差异，但其共同遵循一个规律，即联想的内容之间存在着一定的联系。新的认识都是在已有认识的基础上发展而来的，把握已有认识与新认识之间的关联，是产生新认识的关键。

第四，激情冲动。激情冲动是一种强烈的、爆发性的、持续时间较短的情绪状态。激情能够赋予人巨大的能量。激情有积极与消极之分，积极的激情能够帮助人们充分调动自身的潜能去创造性地解决问题。

积极的激情冲动，可以帮助人们丰富想象力，增强人的注意力，加深理解力，能够使人们以更加积极的心态去面对问题，以更加坚忍的意志去解决问题，让人们不怕困难、奋勇向前。

积极的激情冲动对于创新实践同样具有显著的促进作用。激情冲动可以帮助人们突破思维定式，产生一种十分强烈的创造冲动，这种冲动既是创新的重要源泉，也能为人们带来灵感。当然，在培养和提升大学生直觉与灵感思维的时候，通过激情冲动引发大学生灵感的基础是大学生对于知识的牢固掌握以及对于实践探索已经进行了充分的准备，只有这样，当激情与冲动携灵感前来时，大学生才能将其准确把握住。

第五，判断推理。判断推理指的是对事物的属性进行辨别。推理指的则是由一个或几个已知的判断推出新判断的过程。判断与推理之间关系十分密切，推理是以判断为基础展开的，而判断的形成则依赖推理。

判断推理就是一个在判断的基础上不断形成新判断的过程，在这一过程中，人们需要不断对新事物进行认识与判断，并在这种新判断的基础上开展推理实践，这种对于新事物的思考、推理与判断，也是引发人们灵感，促使人们开展创新实践的重要途径之一。

（5）综合思维的训练。综合思维考验的是学生对于信息的整合能力，训练学生的综合思维，需要从以下几方面着手。

第一，坚持整体性的原则。综合思维的核心是要素的分离和重组，是分离不同整体之中的要素，重新构建新整体的过程，在这一过程中，坚持整体性原则十分重要。只有坚持整体性原则，大学生才能按照新的规律提取各个组成要素，将相互联系的各部分联合成为一个有机整体，使各个部分符合新系统的整体属性。因此，对大学生的综合思维进行训练，要重视培养大学生对于事物的整体把握的能力。

第二，充分认识要素之间的联系。培养和提升大学生的综合思维能力，还需要培养大学生在分析的前提下充分认识各要素之间的感性与非感性联系的能力。联系指的是事物之间或事物的各要素之间的相互影响、相互作用的关系，只有明确了各要素之间的联系，才能进一步根据这种联系实现各要素之间的有机协调。因此，培养大学生综合思维的前提就是训练大学生认识各要素之间联系的能力。

第三，巧妙运用综合思维与分析思维之间的关系。分析思维与综合思维是两种相对的思维类型。与综合思维将不同的部分组合为一个整体不同，分析思维指的是经过仔细研究、逐步分析，最后得出明确结论的思维方式，这种思维方式的特征是其思维过程是每次前进一步，一步一个脚印。

综合思维与分析思维之间是一种对立统一的关系，既相互区别，又相互联系，两者之间呈现相互包含、相互补充、相互转化的关系。具有综合思维的人不但具备较强的信息整合能力，还能够对具体的内容进行全面、科学的分析。因此，培养和提升大学生的综合思维能力，还要注重对其分析思维的训练。

四、切实提升学生的创业素质

（一）大学生创业素质的内涵

创业素质指的是素质在创业实践中的体现，即创业者在创业实践中需具备的心理与生理素质。创业实践需要创业者具备一定的生理与心理素质，这种素质主要由两方面组成：一方面是创业所需要具备的品质，即创业精神、创业意识与创业思维等。另一方面是创业所需要具备的具体能力，即创业过程中各个环节所需要的能力。

从学术角度来看，创业素质包括个性素质、智力素质、文化素质、心理素质、身体素质以及创业者风格等六个方面的内容。若是从整体出发考察创业素质的内涵，创业素质指的是参与创业过程的创业者的体力素质、智力素质以及非智力素质的综合。

学界从不同的角度考察创业素质的概念，并由此得出不同的结论，但是对于创业素质基本内涵的观点基本接近，即创业素质包含创业过程中所需要具备的各种智力与非智力因素，它并非单一的素质，而是由多种素质共同构成的。

对于大学生创业素质内涵的考察，首先必须明确大学生这一群体的特点。大学生普遍经历了较长的学习时间，掌握了大量的专业知识，是具有创新技术、创新能力、创新思维的前沿群体，具有较大的发展潜力，是国家重点培养的高级人才。但由于长时间身处学校，大学生社会阅历较浅。

大学生创业素质就是大学生在先天遗传的基础上，受到教育与生活环境的影响，并通过个人的学习与努力形成的相对稳定的创业所需要的智力与非智力因素的总和，包括思想道德素质、身心素质、创业意识、创业精神、创业能力、创业知识等。

（二）大学生创业素质的构成

1.创业精神

（1）创业精神的内涵。创业精神指的是在创业者的主观世界中，那些具有开创性的思想、观念、个性、意志、作风和品质等。创业精神主要表现为积极进取、勇于创新、富有激情、勇往直前、团结合作、坚持不懈等。

对创业精神的概念进行考察，其有三个层面的内涵：从哲学层面来看，创业精神表现为创业思想与创业观念，是人们对于创业活动的理性认知。从心理学层面来看，创业精神表现为创业个性与创业意志，是人们开展创业事件的心理基础。从行为学层面来看，创业精神表现为创业作风与创业品质，是人们创业的行为模式。

（2）创业精神的构成。在我们的生产生活中，创业精神有许多具体的阐述，从整体来分析，创业精神主要有以下三种：

第一，创新精神。创新精神是创业精神的核心，两者是相辅相成、相互促进、相互融合的，特别是在新时代新的历史条件下，创新精神更是成为开展创业实践的重要引领力与驱动力。当今时代，企业若想实现持续的发展，就需要与时俱进，不断更新自身的产品与服务内容、管理与运行机制以及生产与经营模式，只有这样，才能使企业永葆生机与活力。

创业就意味着创新，创新就意味着突破，创新的本质是新价值的创造，而开创事业本身就是一个求新、突破的过程，具体到商业领域，创业就是寻找新的价值创造方式的过程。因此，在创业的整个过程中，都能鲜明地体现出一种创新特点，创新精神也是创业精神的核心组成部分。

第二，自主精神。自主精神是创业精神的基础。创业活动对于创业者来说是一种创造性的实践，创造性实践需要创业者具有较强的自主精神，这种自主精神指的是一种自由创造、自主创业、自立自强的精神，这种精神不受大众思想的制约，具有较强的创新性与相对独立性。

自主精神的强弱与人们的创业意识是直接相关的。在前面我们提到，创业意识指的是个体为适应自身的发展需要和社会的发展需求而形成的一种创业意向和创业愿望，包括需要、动机、兴趣、思想、信念、人生观、价值观以及世界观等。在创业意识的各个要素之中，都蕴含着一种自立自强、自主奋斗的精神，这种精神是人们开展创业实践的内在动力，是创业精神的基础构成部分。

第三，务实精神。务实精神是创业精神的归宿，是一种从实践中来，到实践中去的精神追求实践方式。在创业的过程中，我们既要勇于创新，敢于"仰望星空"，大胆地去追求理想，也要脚踏实地，按部就班，一切从实际出发，坚实地迈好每一步。务实精神是我国的传统美德，也是创新精神最终的落脚点。我国自古以来就提倡务实精神，如南宋著名诗人陆游的诗作《冬夜读书示子聿》中的"纸上得来终觉浅，绝知此事要躬行"，弘扬的就是一种求真务实的精神。务实精神包含的内容十分丰富，它提倡办实事、求实效、立实功、脚踏实地、实事求是。

务实精神体现了对于实践的重视。创业是开创事业的过程，是一种实实在在的实践活动，因此，实践性是创业精神的显著特性。实践性体现在创业活动的各个环节之中，体现在创业的各个要素之中。首先，创业意识是从实践中产生的，实践是认识的来源，人们在实践中形成创业的需要与动机，最终形成创业的意愿。其次，创业的整个过程是建立在实践的基础之上的，无论是创业目标的制订，还是创业过程中的分析、判断与决策，都是要以实践为依据的。最后，创业的成果回归实践，创业的成功与否要受到实践的检验，只有经受住实践检验的创业活动、对社会的进步与发展起到促进作用的创业才是成功的创业。

除了我们以上提到的这三种精神，创业精神还包括许多其他具体的精神，如积极进取、勇于创新、富有激情、勇往直前等，都属于创新精神，而团结合作、坚持不懈则属于务实精神。创业精神是创业的动力与支柱，没有创业精神，创业活动就无从谈起。

2. 创业意识

创业意识指的是个体为适应自身的发展需要和社会的发展需求而形成的创业意向和创业愿望，包括需要、动机、兴趣、思想、信念、人生观、价值观以及世界观等。创业意愿是人们开展创业活动的重要前提和内部驱动力，是人们创业思维与创业实践产生的源泉。没有创业意识，个体就不会开展创业实践，更无所谓创业素质与创业能力。因此，在新时代大学生创业素质的构成要素中，创业意识是非常重要的组成部分。创业意识主要由以下几点要素构成。

（1）创业需要。创业需要指的是创业者不满足于现有条件以及自己的生存与发展的状况，并由此产生的经由创业才能实现的一种新的要求、愿望和意识。如果说创业意识是创业实践开展的前提和原动力，创业需要则是这种创业意识产生和发展的最初诱因，所有的创业行为与创业意识都由此产生，而创业主体具体的创业实践类型也会受到不同创业需要的影响。当然，若想开展创业实践，仅仅有创业需要是不够的，因为创业需要不一定会转化为创业行为，只有创业需要进一步转化为创业动机时，创业行为才有可能发生。

（2）创业动机。创业动机指的是创业者开展创业实践的内部原因。创业动机多种多样；有的是为了实现个人的创业梦想；有的是为了获取更多的利益；有的是具备了一定的创业条件，希望通过创业活动充分发挥自身的创业优势。

创业动机是创业活动的重要前提，创业是一种拥有明确动机的实践活动。只有有了创业动机，才能产生创业行为，而创业动机对于创业过程同样具有十分重要的影响。如果人们的创业动机非常浅薄，如不想就业，或者贪慕虚荣，就很可能导致创业的失败。而如果人们具有十分积极的创业动机，如通过创业实现自身的人生价值，或者将创业作为自己的重要的人生理想，创业主体在创业过程中就会具备更积极的态度、更充沛的精力及更坚忍的毅力。

（3）创业理想。创业理想是创业意识的核心，指的是在人们在实践中形成的，对于所从事的或将要从事的创业实践活动所怀有的较为稳定、持续的向往与追求，是创业主体人生观、世界观和价值观在具体创业奋斗目标上的体现。从宏观上来看，创业理想属于人生理想的一部分，在绝大多数情况下表现为一种职业理想与事业理想。理想是实践的重要支撑，成功的创业实践离不开创业理想的支持。

（4）创业兴趣。创业兴趣指的是创业者对于创业实践所持有的一种喜好或关切的情绪与态度，创业兴趣能够在很大程度上激发创业者的积极性，使创业者以更加饱满的热情开展创业实践，创业兴趣能够赋予创业者深厚的情感与坚强的意志，促使创业者的创业意识不断得到升华。

3. 创业知识

创业知识的内涵有广义与狭义之分。广义上的创业知识指的是与创业相关的知识系统，如经营管理知识、行业相关的专业知识以及综合性知识等。这些知识是创业实践得以开展的基础，只有具备一定的专业知识，才能在相应领域进行创业实践；只有具备相应的创业知识，才能科学开展创业活动。狭义上的创业知识指的是具体的创业过程中的各种技巧与方法，涉及创业实践的各个环节，如商机的识别与把握、创业规划与创业计划书的编写、创业团队的组建、创业资金的募集等。创业知识是大学生开展创业实践所必不可少的，只有具备一定的创业知识，才能对创业活动有相对清晰、全面的了解，才能正确地开展创业实践。下面我们从广义的角度观察、分析创业知识。创业知识主要由以下几部分构成。

（1）专业技术知识。专业技术知识指的是创业者从事某一专业或职业所必须具备的知识，在新时代的创业实践中，知识与技术密集型创业受到国家的大力支持，创业者可以以自己所掌握的知识与技术为核心组织创业活动，在这个过程中，专业技术知识是创业的基本支撑，一般与专业、职业能力结合在一起发挥作用，是创业知识的重要构成要素。

（2）经营管理知识。经营管理知识指的是创业者从事经营管理工作所必须具备的知识。企业离不开经营与管理，开办企业并不是创业的终点，而是创业的初级阶段，实现企业良好运转与持续发展才能算得上是成功的创业实践。而企业持续的发展则需要依靠科学的经营与管理。经营管理本身就是一个复杂的知识系统，包括领导、组织、管理、协调和沟通等各个方面的知识，还包括大量的行业经验。

（3）综合性知识。综合性知识指的是与创业活动以及企业运行相关的、发挥社会关系运筹作用的多种专门知识，包括政策、法规、公共关系、对外交流、金融、税务、工商、人际交往、文化建设及心理学等方面的知识。综合性知识涵盖的范围非常广，创业者独自难以掌握如此多的知识与技能，因此，一般需要通过招募具有不同专业背景的高素质人才的方式，组建创业团队，共同开展创业活动。

4.创业能力

创业能力与一般的能力不同，它不是一种单一的、具体的能力类型，而是一系列与创业这种社会活动密切相关的能力的综合，是一个能力体系，具有丰富的内涵。创业能力的内涵，主要包括以下内容：

第一，创业能力指的是在一定的条件下，准确发现并把握商业机会，充分整合现有资源，创造更多价值的能力。第二，创业能力是一种心理机能，这种心理机能以人们的智力活动为核心，具有显著的创造性与综合性，是一种知识、经验与技能的概括与总结。第三，创业能力可以将科研成果或者市场创意转化为实实在在的生产力。创业能力具体包括创新能力、知识的掌握与运用能力以及各种类型的社会能力。其中，专业能力是创业能力的前提，创新能力则是创业能力的基础。综上所述，我们认为创业能力是一种基于对商机的准确把握，充分地整合资源，通过创业实践创造更多价值的能力。

创业能力不是一种单一的能力，而是一个与创业实践以及创业思维紧密相关的能力体系，创业能力具有显著的特征。首先，创业能力具有综合性。创业能力是一种以智力为核心的具有较强综合性的能力，是高度协调各种能力以解决创业实践中面临的各种问题的能力。其次，创业能力具有实践性，创业本身就是一种创造性实践的过程，作为创业实践重要支撑的创业能力，必须具备较强的实践性，以科学指导创业实践的开展。创业能力本身的形成、发展与实践密不可分。创业能力的各构成要素是在实践中形成的，创业能力是在创业实践活动中不断提升与发展的，这也是创业能力渐进性的体现。最后，创业能力具有创造性。其创造性体现在创业实践的各个环节之中，从发现商机到开展创业实践，从提出问题到解决问题，都包含着创新的因素。

创业能力是一种能力体系，创业能力体系主要由以下能力构成，具体内如图 5-4 所示。

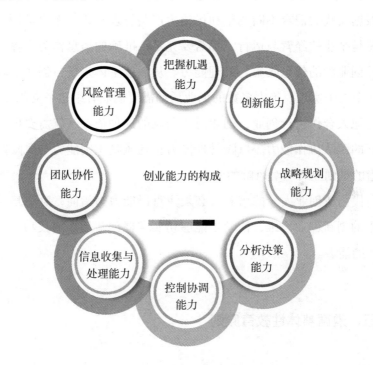

图 5-4　创业能力的构成

创业的动机与前提是对商业机会的把握，因此，对于市场机遇的识别和把握能力是创业能力的重要构成部分。创新是创业的灵魂，是创业能力的显著特征，成功的创业实践要求创业者必须具备一定的创新能力。

战略规划能力指的是创业者能够根据内外部环境的变化，适时调整企业发展战略，为企业能够取得持续发展、保持市场竞争力而进行总体规划的能力。分析与决策能力指的是创业者能够对创业过程中遇到的各种问题具备清晰的认识和准确的判断，并通过全面、系统的分析进行科学决策的能力。创业过程就是一个不断地对实践中遇到的情况进行分析，并不断作出决策的过程，因此，分析与决策能力是创业能力重要的组成部分。控制与协调能力指的是对于创业过程中的各种资源与关系进行组织、管理、协调与控制的能力。企业是一个复杂的系统，其良好运行需要创业者根据实践的需求不断调整和优化生产与管理模式。无论是创业的开展，还是企业的经营与运行，都需要充足、准确的信息作为支撑，这就离不开创业者的信息收集与处理能力。从创业主体来看，创业活动很难仅靠一个人来实现，绝大多数的创业活动需要创业者组建一支创业团队，或者与他人合作进行创业，创业对于团队的这种依赖，就需要创业者具有良好的团队协作能力。风险管理能力包括风险识别能力与风险防范能力，指的是创业者应对风险的能力。

当代创新创业人才的培养，必须注重以能力为指向，真正培养和提升学生的创新创业思维，使学生能够切实掌握创新创业的技巧，拥有创新创业的能力。

五、遵循整体性教育原则

（一）整体性教育原则的含义

整体性教育原则是系统思维在教育领域的具体表现。整体性原则强调整体的作用，将研究对象看作由各个要素依据一定的规律构成的有机整体。在整体性原则中，整体的性质与作用不是各个组成部分性质与作用的机械相加，而是由各组成要素之间的相互作用决定的。整体性教育原则就是整体性原则与教育规律充分结合的产物，强调将人才培养的各个环节有机联系在一起。

整体性教育原则主要有两层含义：一是教学任务需要体现整体性，即教学任务的完成应该是整体的、全面的。二是教学活动的整个过程需要具有整体性，即教学活动应该是由一系列教学要素组成的完整系统。无论是教学目标的制订、教学方案的设计、教学模式的选择、教学方法的使用，还是教学的实施与评价，都需要有机联系在一起，共同组成人才培养的整体。

（二）重视人才培养体系的整体性

在大学生创新能力培养的过程中，应该重视人才培养体系的整体性，使人才培养的各个环节有机联系在一起。培养目标的制订应该既符合社会对于创新人才的需求，也符合学生自身发展的需要。教学方案的设计需要以教学目标为导向，并符合创新创业人才培养的原则与规律。教学模式与教学方法的确定则要以教学方案为依据，以实现教学目标为原则，以提升学生的创新能力为核心，同时，重视与学生的特点及自身的教育实践的充分结合。最后，评价体系的构建同样需要重视整体性，需要对人才培养的整个流程以及各个要素进行评价。评价主体也应该遵循多元化原则，以保证评价结果的客观性与科学性，为高校创新创业人才培养体系的优化提供科学的参考。

第二节　优化创新创业课程

课程是人才培养最重要的载体，有了理念的指导，我们就要着手进行课程的组织与构建。创新创业课程的优化是高校创新创业人才培养的核心环节，我们要重视理论课程与实践课程的合理分配，同时，要注重课程结构与课程内容设置的科学性。

一、高校创新创业课程体系构建

（一）高校创新创业课程体系构建的原则

1. 信息化原则

当今时代是知识经济的时代，随着科技的进步，知识与信息的更新速度越来越快，传统的创新创业教育模式已经不能满足社会对于创新创业人才的需求，也不能满足学生发展的需要。

新时代的创新创业教育，应该使学生对于信息化社会具有充分的了解，同时掌握相对的全面的信息知识。因此，高校在构建创新创业教育课程体系的时候，应该坚持信息化原则，根据大学生的需求将创新创业相关知识转化为对于大学生创业发展具有实际效用的创新创业信息，使创新创业教育能够满足学生的信息需求。同时，高校应该通过教学提升大学生对于创业信息的获取能力与分析能力，使大学生能够运用创业信息来解决创业之中的困难。

2. 综合性原则

创新创业教育具有较强的综合性。大学生创新创业涉及许多方面，因此，高校创新创业课程体系的构建应该遵循综合性原则，从整体的角度出发对创新创业的课程设置与课程内容进行统筹规划。

在高校创新创业课程体系的构建中坚持综合性原则，应该重视以下两方面的内容：首先，高校应该重视在创新创业课程体系框架的构建上体现综合性原则，明确创新创业课程的理论课程、实践课程、活动课程与大学生创业知识、创业能力、综合素质之间的对应关系。其次，高校应该综合考虑创新创业课程设置。将创新创业课程与大学生的专业课程充分结合，在教学中体现创新创业的跨学科性。

3. 多样性原则

高校创新创业课程体系的构建还应该坚持多样性原则，不拘泥于传统的课程设置模式与教学方式，使创新创业课程门类的设置多样化。首先，高校可以采用选修课程与必修课程相结合、理论教学与实践训练相结合的方式设置创新创业课程。其次，高校可以将创新创业教育渗透于学生专业课程的教学之中，开设针对相关专业的创新创业课程。另外，高校还可以举办相关创新创业实践活动、创新创业竞赛、创业项目研究等活动，通过多种多样的人才培养方式提升学生的创业能力。

4. 个性化原则

个性化教学也是当前重要的教学方式之一。个性化原则也是现代教育理念中非常重要的原则之一，个性化原则要求在教育的过程中，尊重学生的个性，因材施教，为国家和地方的经济建设和社会发展培养多层次、多规格的具有鲜明个性、创新精神以及实践能力的复合型高级专门人才。在新时代创新创业课程体系的构建中，个性化原则将关注的重点放在学生个体与教学过程上，课程是教学活动的主要构成要素，课程的构建要充分考虑大学生个性的发挥，帮助大学生获得更好的发展。

（二）高校创新创业课程体系构建的指导思想

1."以学生为本"的教育理念

"以学生为本"是现代教育的重要理念之一。学生是教学活动的主体。高校人才培养的重要目标之一就是促进大学生的全面发展，因此，在高校创新创业课程体系的构建过程中，无论是理论知识教学，还是实践技能培养，最终落脚点都应该是促进大学生的发展，无论是课程体系的构建还是教育模式的选择，都应坚持"以学生为本"的教育观。

在创新创业人才培养的过程中贯彻"以学生为本"的教学观，需要在课程体系构建的过程中明确学生的主体地位，课程的设置以提升学生的创新思维、创新创业能力，促进学生更好发展为目标。课程体系构建不能机械式地搬运他人的经验，应该重视学生的特点和差异性，要做到使课程设置不但符合行业发展的需求，还符合学生成长和发展的需求。

在课程体系的构建中做到以学生为本，需要从以下几方面着手。

（1）促进学生个性化发展。现代教育强调学生的个性化发展，发展学生个性是教学的基本任务，是现代教育重要的理念，对于学生的成长和发展具有重要的意义。在课程体系构建中重视促进学生的个性化发展，是促进学生全面发展的需要，也是以学生为本实施教育的基本要求。

创新是引领发展的第一动力，成功的创新创业实践离不开创新型人才，高校在课程体系的构建中注重大学生个性的发展是培养创新型人才的需要。创新型人才需要具有创新意识、创新精神与创新能力，而这一系列创新素质的培养都要依赖大学生个性的发展。个性的核心是创新，创新性蕴含于人的独立个性之中。因此，高校创新创业课程体系的构建不能因循守旧，要突出以人为本的理念，重视大学生个性的发挥。

（2）以学生为本设计课程教学目标。课程教学目标对于教学活动具有重要的导向作用。高校在课程体系构建中贯彻"以学生为本"的理念，就必须以学生为本设计课程教学目标。这就要求教育工作者改变传统的教育观念。要使课程教学的目标充分体现"以学生为本"的理念，不仅需要将知识传授给大学生，还要使大学生能够扎实掌握知识、深入理解知识、灵活运用知识。

同时，课程教学目标的设计还要重视对于大学生思维能力的培养，不仅要使大学生掌握具体的知识，还要培养和提升大学生的思维能力，使大学生能够在遇到问题时充分发挥主观能动性，充分调动自身所掌握的知识解决问题。

（3）以学生为本构建课程评价体系。课程评价是指根据一定的标准和课程系统信息，以科学的方法检查课程的目标、编订和实施是否实现了教育目的，实现的程度如何，以判定课程设计的效果，并据此作出改进课程的决策。

由于课程评价体系直接关系到课程的设置和调整，因此其构建理念对于人才的培养具有重要的影响。课程评价的对象范围较广，既包括课程本身，也包括课程实施与结果等要素。课程评价本身是一个价值判断的过程，以学生为本构建课程评价体系，可以将以学生为本的价值观贯穿课程体系的整个构建过程之中。

2.混合学习理论

混合学习理论诞生于 20 世纪末，是一种倡导将新型教学方式应用于课堂之中的教学理论。虽然国内外学者对于混合学习的定义有所不同，但对于混合学习的基本内涵，学者的观点总体一致。具体来说，混合教学理论就是传统课堂学习与新媒体、信息技术、网络技术等现代技术之间的充分结合，是网络学习与传统课堂学习的结合和互补。

混合学习理论具有鲜明的时代性，是伴随着时代发展和一系列新教学技术的产生而诞生的教学理念。当今时代的混合教育理论，强调线上教学与线下教学相结合的教学模式。何克抗教授于 2003 年正式将混合学习的概念引入我国，他认为混合学习就是"把传统学习和 E-Learning 进行优势结合，既要充分体现学生主体的积极性、主动性与创造性，又要发挥教师在教学过程引导、启发、监控的主导作用。①

混合学习理念作为一种教学理念，具有与时俱进的特点，其内涵是伴随着技术的进步而不断丰富的，本质是在人才培养过程中重视各教学要素的融合。混合学习理论的侧重点在教学方式的改革上，改善教学结构、创新教学方式，并以此为依据构建新型的课程体系，是混合学习理论的主要任务。创新创业人才培养作为新时代人才培养的重要组成部分，在课程设置上需要体现时代特色，利用好混合学习理论。

3. 能力本位教育理念

能力本位教育（competency-based education，CBE）指的是围绕具体工作岗位所要求的知识、技能与能力组织课程与教学体系。能力本位教育源于 20 世纪 60 年代北美地区的师范教育改革，1967 年，能力本位教育被提出来以取代传统的师范教育模式。

能力本位教育理念本身就是从技术工人再培训的过程中总结衍生而来的，因此非常适用于职业教育，其在提出后不久，就被逐渐运用于职业教育与职业培训当中，并被广泛传播到世界各地。在当今时代，能力本位教育理念已经在世界范围内得到广泛认同。能力本位教育观强调对于学生能力的培养，既包括专业知识体系的建构，也包括实践能力的培养，倡导在教学实践中使用灵活、多样的教学方式，不再将具体的学科知识和学历水平作为学生培养的核心，而是重视学生的实践训练和创新能力培养。

创新创业教育具有较强的实践性，无论是创新还是创业，其价值都是通过具体的实践活动体现出来的，因此创新创业课程也要重视对于学生实践能力的培养和提升。在高校创新创业课程体系的构建中贯彻能力

---

① 邬厚民. 微课资源的建设与应用 [M]. 长春：东北师范大学出版社，2017：161-165.

本位教育理念，对于促进大学生创新创业能力与综合素质的提升大有裨益。

（三）高校创新创业课程体系构建的路径

1. 科学设置课程

在教育实践中，知识与技能教学是以课程的形式组织和安排的，课程设置直接反映着人才培养的内容，也在很大程度上影响着大学生知识与能力结构的形成，因此，课程设置是创新创业人才培养的关键环节。

科学设置大学生创新创业课程，需要根据社会的发展、科技的进步以及教育理念的更新不断调整和优化课程的设置，以使其符合社会发展对于创新创业人才的需求。高校可以通过不同课程的课时安排来塑造大学生的知识与技能结构，提升大学生适应新环境与新科技的能力，进而培养和提升大学生的创新创业能力。

（1）明确课程目标。构建创新创业课程体系首先需要明确课程教学的目标。高校创新创业课程设置应该以培养和提升大学生的创新创业思维与能力为基本目标，以提升大学生的综合素质，促进大学生的全面发展为根本目标。

①培养大学生的创新创业意识。高校应该重视大学生创新创业意识的培养，使大学生具有创新创业基本的动力与素质。创新创业意识的本质是对创造性实践的倾向，以及对于商业机会的敏感。大学生创新创业意识的培养需要通过科学的课程设置以及教学实践来加强大学生的思维能力、信息搜集能力以及信息分析能力，培养大学生对于信息特别是新事物的敏感性。

②教授大学生创新创业知识。知识传授是课程教学永远的主题，创新创业具有自身的专业知识体系，因此，在高校创新创业课程体系的设置中，应该将创新与创业知识的传授作为主要的课程目标。大学生创业

的特点是他们普遍具有较为丰富的专业知识与技能，但对于创业相关的具体知识，如创业环节、创业流程、经营管理等知识则了解不够深入，并且具体的创新技巧与方法也需要通过学习才能获得与掌握。高校需要通过创新创业课程教学，向大学生传授经济学知识、具体创业知识、经营管理知识以及创新的技巧与方法等，不断完善大学生的创新创业知识储备。

③提升大学生创新创业能力。大学生创新创业素质的高低最终体现在创新创业能力上，因此，高校创新创业课程设置的另一重要目标就是通过教学提升大学生的创新创业能力。创新创业能力主要体现在大学生在创新创业实践中的创新实践能力、实操能力、管理能力、组织协调能力、合作能力与沟通交流能力等方面。

④培养和提升大学生的创业心理品质。大学生的创业心理品质同样是大学生创新创业素质的重要组成部分，因此，培养和提升大学生的创业心理品质同样是高校创新创业课程体系设置的重要目标之一。高校应该通过创新创业课程教学，重点培养大学生的自信心、责任心、冒险精神、独立意识等心理品质，使大学生形成健康的心理结构。

（2）优化课程内容。高校创新创业课程设置应该重视课程内容的优化，课程教学需要促进学生创新创业素质的全面提升。从创新创业课程设置的目标出发，创新创业课程体系应该包含创新创业意识类课程、创新创业知识类课程、创新创业能力类课程以及创新创业心理类课程。

创新创业意识类课程应该重视对于大学生创新创业意识的培养和提升，主要包括创新思维训练、创新精神培养、创业激发、创业管理入门、商业机会的创造性开发等课程。创新创业知识类课程重视具体创新创业知识的教授，主要包含创新学、创业学、创业经济学、创业金融保险、创业人才学、创业管理学等课程。创业能力类课程的教学重点是培养和提升大学生具体的创新创业能力，因此，主要包括创业实务、创业市场调查、创业计划写作、信息搜索等实践性与应用性的较强的课程。创业心理课程着重培养大学生的创新创业心理品质，主要包括创业精神、创业心理学等课程。

我国传统的创新创业人才培养，往往将创新创业作为大学职业生涯规划课程的一部分进行教学，较少的课时以及对于公共课程的重视力度不够都导致创新创业课程在对于大学生创新创业能力的培养方面难以发挥实质性作用。

新时代社会建设需要大量的高素质创新创业人才，因此，高校应该重视创新人才培养，并将创新创业作为大学生发展的重要能力进行培养。对于创新创业教育的重视首先体现在创新创业课程体系的设置上，科学设置创新创业课程体系，就需要增加创新创业课时的比重，优化创新创业课程机构，丰富创新创业课程内容。

（3）改进课程设置。创新创业教育同样具备相对完整的知识体系，因此高校应该重视其课程设置，按照教育的一般规律设置课程，保证学生的创新创业能力得到切实发展。

高校构建科学的创新创业课程体系，除了明确课程目标、优化课程内容外，还应该重视改进课程设置，即使创新创业教育符合创新创业人才培养的需求、学生发展的需求以及教育的一般规律。创新创业课程设置可以采取选修课、必修课以及学科渗透的方式进行，合理安排每个学期大学生的创新创业课程数目与教学内容，按照大学生的学习规律进行创新创业课程设置。改进创新创业课程设置主要从以下几方面入手：

首先，创新创业课程需要符合新时代社会发展对于创新创业人才的需求，高校需要为社会发展培养高素质的人才，只有使大学生的知识与能力结构符合社会的需求，才能算得上是成功的教育。具体到创新创业人才培养来说，切实提升大学生的创新创业素质是高校创新创业课程设置的重中之重。

其次，高校创新创业课程设置应该符合学生的认知与发展规律。高校人才培养的最终目标是实现大学生的全面发展，提升大学生的综合素质、促进大学生更好就业、促进大学生实现人生价值都是高校教育的重要任务，因此，创新创业课程设置应该符合大学生的发展。同时，课程教学应该符合学生的认知规律，这是因为学生是教学活动的主体，是知识的接受者，课程的设置只有在符合学生认知规律的基础上，才能发挥最大的效用。比如，教学内容的安排应该循序渐进，由浅入深，各知识模块之间应该有明确的内在联系，知识覆盖应该全面，不能出现重大遗漏，等等。

最后，高校创新创业课程设置应该符合教育的一般规律，即做到间接经验与直接经验相统一，掌握知识与发展能力相统一，教师的主导与学生的主体相统一，知识传授与思想教育相统一。

（4）科学设计教学进度。教学进度指的是在教学过程中，教育者依据教学大纲、教学计划、教材以及学生特点，确定的适宜的教学活动开展的进度，它的安排与确定具有较强的针对性，能够及时反映专业教学活动的运行状态。

教学进度对于课程体系构建的影响主要体现在课时的安排上。创新创业涉及具体的创新创业知识，以及创新创业与大学生专业和兴趣的结合，如何合理安排课时，科学设计教学进度，关系到大学生对于知识与技能的掌握。教学进度的总体安排需要符合专业人才培养方案，遵循教育的一般规律，符合大学生成长与发展的需求。

2. 优化课程结构

课程结构既包括专业课程之间的结构关系，也包括必修课与选修课之间的结构关系。高校人才培养是一个完整的育人系统，不仅要使大学生构建全面、扎实的专业知识结构，还要全面提升大学生的综合素质，拓展学生的知识面，开阔大学生的视野。

专业课程不能孤立地承担起大学生成长与发展的重任，高校创新创业人才培养还应该辅以通识课类课程、选修课程以及课外实践等课程。

其中，在必修课方面，通识课程与专业课程同样重要，是大学生知识结构的重要组成部分，通识教育是学生综合素质提升的必要环节。

通识类课程设置的主要目标是提升大学生的综合素质和人格修养，帮助大学生完善基础的知识体系，对于大学生创新创业素质的发展具有重要的促进作用。通识类课程的主要内容包括高等教育阶段的必修公共课，如思想政治教育、大学英语、计算机技术、体育等，以及大学生所学专业相关的其他课程，如政治学相关专业需要增加历史学与经济学类课程，教育类的专业需要增加心理学类课程，等等。

通识类课程要求打破专业的局限，开阔大学生的视野，课程内容既能拓展学生的知识面，又能培养和提升大学生的思维能力。通识类课程主要有以下特性：

第一，通识类课程具有普遍性。通识类课程涉及的是大学生所应具备的基本素质与能力，这些素质与能力的要求具有普遍性，不因大学生专业的不同而发生改变。

第二，通识类课程具有多元性。通识类课程的课程内容应该丰富、全面，既符合基础性原则，又符合多元性原则，既能培养大学生的基本素养，还能够拓宽大学生的视野，促进大学生个性的发展，使大学生形成多元化人格与精神。

第三，通识类课程具有整合性。通识类课程需要对不同领域的知识进行整合，形成普遍适用于不同专业大学生发展需求的课程，丰富大学生的知识，启发大学生的心智。

第四，通识类课程具有创新性。通识类课程具有创新性，这是由其本身的性质决定的。通识类课程设置的目的就是打破学科之间的界限，使学生的知识结构不被禁锢在单一的专业领域，在丰富大学生知识的同时，拓展大学生的思维，使大学生能够从不同的角度观察问题，用新的思路解决问题。

通识类课程的学习是完善大学生知识结构的重要环节，能够使大学生具备更加全面的知识结构，构建更加完善的知识体系。创新是在既有知识与经验基础上开展的创造性实践，通识类课程的学习可以为大学生创新创业实践的开展奠定扎实的基础。

课程结构的优化，需要围绕大学生的知识、能力、素质结构展开，寻求其中的平衡点，明确本专业的核心课程与主干课程，并厘清主干课程与一般课程、专业课程与基础课程、理论课程与实践课程，以及必修课程与选修课程之间的关系，并根据课程之间的关系确定课程的最佳比例。大学生创新创业能力的培养和提升是需要以良好的知识与技能结构为支撑的，因此，优化课程结构，使大学生能够形成科学的知识与技能结构，对于大学生创新创业能力的培养和提升具有重要的意义。

3. 丰富选修课程

选修课作为高等教育的重要组成部分，却经常被教育工作者与学生忽视，高校对于选修课程体系的构建十分随意，大学生对于选修课的学习并不积极，教师对于选修课的重视也远远不如必修课，这是不正确的。选修课设置的目的是开阔大学生的视野，拓展大学生的思维，这对于大学生的成长与发展十分重要，是提升大学生创新创业综合素质的重要手段。

当今时代，成功的创新实践需要创新主体具备扎实的专业知识、广阔的知识面、开阔的视野以及灵活的思维，而这些，正与选修课程开设的目的相符。同时，选修课程对于促进大学生个性的发展具有较强的推动作用。大学生创新创业能力的培养和提升非常看重大学生的个性化发展，大学生可以根据自己的爱好选择自己感兴趣的选修课程进行学习，充分发挥自己的特长。

培养和提升大学生创新创业能力，应该注重发挥选修课的作用，丰富选修课程，使大学生拥有更多的选择。高校还应注重选修课与必修课之间的联系。选修课与必修课并不是割裂开来的，良好的课程结构应该是选修课与必修课的有机结合，两者应该是相互促进、相辅相成的。因此，对于选修课，可以按照社会的需求、大学生的发展需求、科技发展情况及大学生就业方向等进行设置与安排。

二、 高校创新创业教育实践教学体系构建

（一）创新创业教育实践教学体系概述

1. 实践教学的内涵

实践教学是相对于理论教学的各种教学活动的总称，是巩固理论知识，加深理论认识的有效途径，是培养具有创新意识的高素质人才的重要环节，是理论联系实际、培养大学生掌握科学方法和提高动手能力的重要平台。实践教学包括实验、实习、训练、实操、管理、调研等。

实践教学具有以下特征。

首先，以学生为中心。大学生是教学活动的主体，现代教学理念要求高校在进行人才培养时必须贯彻以学生为主体的教育理念。实践教学以实践技能训练和课外实践活动为主要教学形式，学生在这一过程中具有较强的自主性，需要深入参与到实践中才能完成学习任务，因此，实践教学更要坚持以学生为中心，利用综合的教学形式，让学生在相对开放的环境中更加自主地开展学习与实践。

其次，以行动为导向。实践教学最为显著的特征就是以行动为导向，这里的"行动"指的并不是日常生活中的活动或者劳动，而是在实践教学中师生为实现教学目的而共同确定的行动目标。大学生在教师创设的学习情境中通过主动学习达到提升实践能力与专业素养的目的。实践教学强调"思维"与"行动"的有机统一，思维为实践提供指导与参考，行动产生的直接经验则能进一步促进思维的发展。

最后，以能力发展为本位。实践教学的重要目的之一就是培养和提升学生的专业知识、专业能力以及诸如团队合作、沟通交流、管理领导等一系列社会能力。因此，实践教学非常强调理论与实践的充分结合，通过实践教学，大学生可以将所学的理论充分应用到实践当中，通过实践深化对于知识的理解，同时，将在实践中遇到的困难带回课堂中讨论解决，这种循环往复的从理论到实践的学习过程，加之自主性较强的实践训练，可以有效帮助大学生实现能力的提升。

2. 创新创业教育实践教学体系的内涵

创新创业教育实践教学体系是一套完整的以培养和提升大学生实践技能为目标的教学体系。其内涵有广义与狭义之分。广义的实践教学体系包含教学目标、教学内容、教学管理及教学评估体系等。狭义的实践教学体系指的则是实践教学的内容体系。

我们讨论高校创新创业实践教学体系，采用广义的实践教学体系内涵。高校创新创业实践教学体系指的是以培养和提升大学生的创新创业能力为核心目标，以实践技能教学与实践技能训练为主要开展形式的教学组织形式。

3. 实践教学体系在学生创新创业能力培养中的作用

高校开展实践教学的主要目的是培养大学生发现问题、认识问题和解决问题的能力。高校开展创新创业教育的目的就是培养和提升大学生的创新创业能力。大学生创新创业教育应该以能力为导向，以提升大学生的综合素质为根本教育目标。实践能力是创新能力发展的基石，因此，高校构建创新创业教育实践教学体系是符合社会人才需求、大学生发展需求以及现代教育要求的。

构建创新创业教育实践教学体系是连接大学生理论知识与实践能力的重要方式，学以致用是人们从古至今都崇尚的教育和学习目标，学以致用并非简单地将理论知识运用到实践当中，而是通过不断的实践实现理论与实践的有机结合，并在这个过程中得到新的知识，掌握和提升技能。

实践教学是学生创新能力发展的基础，学生创新与创业潜能的激发离不开创新能力的积累和实践能力的提升。创新与创业教育的最终落脚点是实践，成功的创新与创业教育体现在学生创新思维与创业素质的提升上，体现在学生能够取得一定的创新和创业成果，或者在生产生活实践中能够具备创新创业品质，如独立思考、敢于质疑、善于合作。同时，创新创业知识的真理性是需要通过时间去检验的。理论知识具有一定的时代性，而时代是不断发展的，培养和提升大学生的创新创业能力，要使大学生真正能够根据客观实践灵活开展创造性实践。因此，通过实践教学，大学生能够更好地将创新创业理论与实践相结合，是创新创业教育的重要内容。

（二）创新创业教育实践教学体系构建的理论基础

1. 建构主义学习理论

建构主义理论认为，教学的过程既不是教师将知识简单传递给学生的过程，也不是学生简单的知识积累过程，而是学生在教师的引导和帮助下，自主构建知识体系的过程。在这个过程中，教师更多扮演的是帮助者和促进者的角色，而学生才是真正的教学活动的主体，是主动参与者而非被动接受者。建构主义还强调情境对于知识构建的重要作用。在一定的情境下，学生可以通过合作与互动接收和理解知识、梳理知识结构。在教学的过程中，教师也可以根据教学的实际情况设计有利于学生知识获取的教学情境，帮助学生构建新的知识体系。[①]

具体到高校创新创业人培养之中，从建构主义学习理论的视角来看，创新创业实践教学的目的就是使大学生经历构建自身创新创业能力体系

---

① 张晓青. 唤醒教育 [M]. 北京：中国商务出版社，2020：119-120.

的过程，在这一过程中，大学生主要是在教师的引导下，通过内在的力量构建自身完善的内部知识与能力结构。

2. 认知主义学习理论

认知主义学习理论的研究重点是知识的实质、知识的获取以及知识的创造性应等等。与行为主义教学理论强调外部环境与知识输入的作用不同，认知主义学习理论强调学习过程、直觉思维、内在动机和思维提取。认知主义认为学习是学习者对于所接收信息的自主加工的过程，学习者自身已经掌握的知识和经验对于新知识的接收和理解具有重要的影响，教学的过程不是教师向学生单向灌输知识的过程，而是学生在老师的帮助下主动参与到学习活动当中，主动探索和理解知识的过程。

实践教学就是一种通过实践主动形成和完善认知结构的过程，学习者通过学习将新的知识融入本身的认知结构，从而不断形成新的认知结构，在理论与实践的不断结合中促进个体能力结构的发展。

3. 人本主义教学理论

人本主义兴起于 20 世纪五六十年代，由马斯洛创立，是心理学的重要流派，强调人的自我实现。人本主义学习理论强调人的发展、情感、态度等因素对于教学的影响，强调学生在教学过程中的主体地位，还强调学习过程与学习者的发展。

人本主义学习理论从学生自我实现的角度来考察教学活动。在人本主义学习理论中，知识的学习是服务于学生的个人发展的，教育的目的是帮助学生学会学习，将学习本身抽象为一种品质，这种品质可以帮助学生树立正确的学习理念、探寻合适的学习方法，实现个人的全面发展。因此，在教学实践中，教师不能将学生简单地当作教学对象，而是应该将学生视为谋求发展的个体，是教学活动的重要参与者。

人本主义学习理论强调学生自主学习意识的培养与自主学习能力的提升。在教学过程中，教师应该重视学生自主的思想，鼓励学生在学习和探索知识时充分发挥主观能动性，分析自身的学习特点与学习现状，根据自身的学习需求自主制订学习计划，选择适合自己的学习方法，对自己的学习进程进行跟踪监控，总结分析自己的学习成果，反思自身在学习中存在的问题。学生是学习的主体，应当在教师的帮助下，通过建构知识内容，实现自我的发展与提升。

实践教学重视完善学生的能力结构，目的是使学生切实掌握某项技能，精进某种能力，完善综合素质，这是实践教学目标中人本主义的体现。实践教学的内容与方式同样需要坚持人本主义，在实践教学中，学生具有较大的自主权。实践教学是一种通过实践训练总结经验、学习知识、提升能力的过程，在这一过程中，需要重视学生的主体地位。

（三）高校创新创业教育实践教学体系构建的原则

1.目标性原则

高校创新创业实践教学体系的构建必须紧紧围绕高校人才培养的目标展开，包括人才培养的总目标、创新创业人才培养目标以及具体的教学目标。实践教学的组织形式多样、开展方式灵活且实践教学受课堂的限制较小，因此，教学活动的开展必须有明确的目标指向，否则，很容易出现教学活动组织混乱的现象。

制定高校创新创业实践教学体系人才培养目标应该具有明确性与针对性。需要根据高校的教学实践、高校人才培养规格、学科专业特点、社会对于人才的需求及学生自身发展的需求来设定。

2.系统性原则

高校创新创业实践教学体系是一个完整的教学系统，应该根据高等教育的特点、教育的一般规律、人才培养的特点，按照各个实践教学环节的地位、作用及相互之间的内在联系，对于具体的教学内容与教学环节进行统筹安排。在这一过程中，要处理好实践教学与理论教学之间的关系，做好理论教学与实践教学之间的衔接，协调统一体系内的各个实践教学环节，科学安排教学内容，合理安排课时比例与教学进度，保证整个人才培养系统的整体性与系统性。

3. 层次性原则

大学生能力的发展是一个循序渐进的过程，这是由人们的认知规律决定的，是教育开展所应遵循的规律。实践教学本质上是教学活动的一种，因此也应该符合教育的·般规律。实践教学应该分层次、分内容，逐步深化，层层递进。实践教学的目标应该由易到难，实践教学的环节应该由简到繁，实践教学的方法应该由单一到复杂。高校创新创业实践教学体系无论是构建还是实际的执行，都应该遵循层次性的原则。

（四）高校创新创业教育实践教学体系构建的路径

1. 明确实践教学的目标

高校创新创业实践教学体系具有较强的目标指向性，因此在其构建的过程中，应该首先明确创新创业实践教学的目标。教学活动是围绕教学目标展开的，教学目标设置的科学与否对于人才培养的效果具有十分重要的影响，特别是对于创新创业实践教学来说更是如此。

创新创业教育与传统的高等教育学科在内容和教学方法上都存在比较大的差别。首先，创新创业没有相对固定的知识体系。其次，创新创业在教学方法上也没有规定的模式。具体到创新创业实践教学体系来看，实践教学的开展方式多种多样，可以结合理论课程开展实践训练，也可以设置一定的情境组织实践教学，还可以依托校企合作平台展开校外实践。类型多样的实践教学模式倘若没有明确的教学目标作为指导，就很容易导致能力的培养缺乏体系性，教学活动杂乱无章，难以实现预期的教学效果。因此，构建高校创新创业实践教学体系，首先需要明确人才培养的目标。

高校创新创业实践教学目标要综合高校自身的教学实际、社会对于人才能力的需求、大学生自身的发展需要，以及教育的一般规律来设定。同时，教学目标应该符合大学生的认知规律，与其他课程的教学目标之间具有内在的逻辑联系，使大学生的知识与能力体系能够组成一个完整的系统。

2. 丰富实践教学的内容

创新创业实践教学体系相对来说发展历程并不长，无论从实践教学的内容上来看，还是从实践教学的方法与模式上来看，其发展尚不成熟。教学内容是教学体系核心的组成部分，因此，丰富和完善创新创业实践教学体系的内容，是构建创新创业实践教学体系的重中之重。

创新创业实践教学内容首先应该包含创新创业的基本技能、技巧，使大学生对于创新创业的具体方法有一个全面、综合、深入的了解。创新创业实践教学的基础内容包括创新思维的训练、创新的技巧与方法，以及创业各环节的基本知识与能力，包括市场调研与分析、创业计划书的编写、创业方案的制订、创业团队的组建与管理、创业风险的预防与控制、产品的设计等。创新创业实践教学的内容应遵循全面性、综合性以及系统性的原则，使大学生能够通过学习与训练切实提升自身的创新创业能力。

高校还应该根据不同的专业特点整合创新创业实践教学的内容，将实践教学的内容与大学生的专业充分结合，在创新创业实践教学中突出专业的特点，在专业知识与技能的培养中融入创新创业的相关知识，使大学生能够将创新的思维灵活运用于自身的专业学习中，利用专业知识与技能的优势，以专业为依托，更好地开展创新创业实践。

3. 构建高质量实践教学平台

（1）创新创业教育实践教学平台概述。创新创业实践教学平台是培养和提升学生创新创业意识的重要依托，是课堂之外重要的人才培养基地。创新创业实践教学平台为大学生创新创业能力的培养和提升创造了更好的条件，可以说，构建高质量创新创业实践教学平台是完善创新创业实践教育体系的一个重要环节，是创新高校实践教学方法的重要途径，是有效促进大学生创新创业能力提升的重要手段。

自国家大力倡导开展创新创业教育以来，我国许多高校就开始积极探索创新创业实践教学体系的构建路径，并认识到创新创业实践教学平台对于大学生创新创业教育的重要促进作用，因此，在构建高校创新创业教育体系的过程中，开始建设创新创业教育实践平台，如大学生创新创业中心、大学生众创基地、大学生科技园等，各类实践教学平台也有效促进了学校创新创业教育的发展。

随着高校创新创业教育的不断发展，虽然各高校在实践教学平台的建设上取得了巨大突破，有效地促进了创新创业教育的发展，培养出大量的创新创业人才，但在创新创业实践教学平台的建设上仍存在巨大的可提升空间，尤其是平台的一些基础性条件保障不够完善，导致平台的发展受到较大的限制。例如，平台在硬件上有所欠缺，实践教学平台能够容纳的学生人数较少，绝大多数平台只能满足重点的创新创业项目入驻，而参与这部分项目的大学生占全校大学生比例较低。创新创业并非针对少数大学生开展的课程，而是致力于促进全体大学生创新创业素质的发展，因此，创新创业实践教学平台必须能够满足学大生发展的需求，具有足够的容量。再如，平台的管理体制不够完善，服务功能不齐全，师资队伍配备欠缺等问题导致服务学生不够全面，无法充分发挥平台对于大学生创新创业能力提升的指导作用。

（2）构建多元化实践教学平台。

①构建课内创新创业实践教学平台。课内创新创业实践教学平台指的是充分利用现代教育手段和技术，在课堂中组织学生开展创业模拟实践教学，同时根据大学生的专业特点开发创新创业线上课堂，对大学生展开相关创业理念、创业价值观、创业知识以及创业方法的教学。课内

创新创业实践教学平台的构成要素包括多媒体教室、线上教学平台、智慧课堂等。课内创新创业实践教学平台采用的实践训练手段包括软件模拟操作、互动课堂、直播课堂等。课内创新创业实践教学平台一般是针对大学生基本创业素质的培养和提升而设立的，是后续深入开展创新创业实践教学的前站。

②建设校内创新创业实践基地。校内创业实践基地是大学生在校期间创新创业实践能力培养和职业素养养成的重要场所。高校要围绕层级式创新创业人才培养目标，以创业就业为导向，根据大学生自身专业特点和培养要求，基于高校现有资源，建设校内实践基地。校内创新创业实践基地的类型有很多，如创新工坊、自主创业实践平台、创新创业工作室、开发商业铺面等。

校内创新创业实践基地是高校创新创业实践教学的重要形式，是充分利用学校资源开展创新创业实践教育的成功实践，校内创新创业实践基地不仅能够促进本校学生创新创业素质的提升，还可以通过与其他学校密切合作，建立不同高校创新创业实践教育资源共享机制，让全体师生都享受到丰富的创新创业教育实践资源。不同高校之间还可以提升交流合作水平，共享创新创业教育资源，推动校际教师互聘、课程互修，鼓励大学生跨校组建创业团队，通过校校协同建设创业实践平台。

③建设校企协同创新创业实践平台。校企协同创新创业实践平台的建设是校企合作的重要形式之一。校企合作指的是学校和企业以培养新时代发展所需的人才为目标，充分利用学校与企业的教育资源与教育环境，将课堂知识教学与生产实践训练相结合，展开深入的合作，培养高素质技能型人才，进而推动社会经济发展的人才培养模式。校企合作可以帮助学生将课堂上所学的知识与实际的工作实践充分结合在一起，通过校企充分合作，使大学生将在学校习得的相关理论知识运用到实际工作当中，同时，将在工作中遇到的问题和挑战带回学校，促进学校教学的发展。

由于高校创新创业教育的发展时间相对较短，因此，在师资与教学经验方面均不是很成熟，校企合作可以有效解决这一问题。学校可以通过校企协同创新创业实践平台，聘请经验丰富的从业人员或创业者作为讲师，为大学生讲授创业经验，传授创业知识。还可以与企业共同开展创新创业人才培养，通过校企协同创新创业实践平台，使学生能够在真实的情境中展开创业实践，切实提升大学生的创新创业素质。

4. 优化创新创业教育实践教学评价体系

创新创业实践教学评价体系是高校创新创业实践教学体系建设的重要环节，教学评价体系对于实践教学具有重要的导向作用。虽然教学评价体系在构建的时序上可能会晚于人才培养目标、模式、课程体系模块的构建，但是由于实践教学评价体系是创新创业人才培养目标的体现，且评价体系涉及对人才培养效果、教学质量和教师的评价，因此会对人才培养的过程产生重要的影响。部分教育工作者会根据评价体系对实践教学的各个环节进行调整，以取得良好的教学评价效果，因此，创新创业教育实践教学评价体系的构建十分重要。

由于许多高校的创新创业实践教学缺乏相对成熟的经验参考，尚处在探索发展的阶段，因此，构建完善的创新创业实践教学评价体系对于创新创业实践教学来说十分重要。从实践教学质量评价体系的结构来看，应主要从以下几方面着手：一是对创新创业实践教学课程进行评价，包括课程目标、课程结构、课程实施等方面；二是对创新创业实践教学的教材与教学资料进行评价；三是对创新创业实践教学质量进行评价。合理的评价体系能够为创新创业实践教学提供科学的参考，促进高校及时发现创新创业实践教学过程中存在的不足，不断更新和优化自身的创新创业实践教学体系。

构建创新创业教育实践教学评价体系之后，高校还需要根据实际教学情况，不断优化创新创业教育实践教学评价体系，主要应做到以下几点。

（1）评价主体多元化。创新创业实践教学是高校人才培养的重要内容，因此，其评价主体应该是多元化的，这样才能保证评价体系的科学性。在传统的评价体系中，教育者一般是评价的主体，但随着时代与教育的发展，人们越来越深刻地认识到，学生是教学的主体，人才培养只有坚持以学生为主体，才能达到理想的教育目标。在高校创新创业人才培养中，大学生作为教学活动的主体和心智成熟的个体，具备对于课程的认识与评价能力，且大学生对于课程的评价，能够更加直观地反映课程内容与课程设置的科学与否。高校、教师及企业家都深入参与到创新创业实践教学的过程中来，因此，创新创业实践教学评价体系的考核评价主体应该由原来单一的教育行政部门转变为高校管理者、教师、学生，以及校企合作中的企业专家。

（2）评价内容多样化。构建完善的创新创业实践教学评价体系，还应该注重评价内容的多样化，对高校创新创业实践教学进行全方位的评价，围绕课内课外创新创业教育的内容构建实践教学评价体系。既要对学生知识与技能的学习情况进行评价，又要对学生的情感态度与价值观进行评价；既要重视学生综合素质的发展情况，又要重视对于各种教学资源进行评价；既要有结果评价，又要有过程评价。

（3）强化对创新创业实践基地的评价体系建设。创新创业实践基地是创新创业人才培养的重要平台，是强化大学生创新创业意识，培养和提升大学生创新创业能力的重要载体。因此，将创新创业实践基地建设与运行情况纳入大学生创新创产业实践教学评价体系当中对于大学生创新创业能力的培养十分重要。

对于创新创业实践基地建设的质量与建设的规模要进行定期的评价，对于校企合作的质量进行全面的评价，要通过评价体系充分调动校企合作的动力，拓展高校创新创业实践教学的空间，多方合作，努力建设多样化的创新创业实践基地，进一步促进大学生创新创业能力的发展。

第三节　提升师资队伍素质

教师是课堂的主导，是教学活动的关键参与者，是学生知识的教授者，是学生进行实践训练的指导者。教师水平的高低，直接影响到高校创新创业教育的质量。因此，推进高校创新创业人才培养，必须打造一支高水平的师资队伍。

一、教师在高校创新创业教育中的作用

（一）教师是创新创业教育的实践者

创新创业教育的发展历程相对较短，无论是人才培养模式、教学体系、知识体系还是教材与教学资料，都处在不断的探索、丰富与发展之中，学生自主学习的难度较大，需要在教师的引导下开展创新创业的学习与实践，在这种情况下，教师的作用更加重要。教师的职责是传道、授业、解惑，学生在创新创业学习的过程中遇到难以解决的疑惑与困难，就需要通过向教师请教。创新创业教育具有较强的实践性，学生缺乏相关经验，也需要通过教师的教学掌握具体的创新创业方法与技巧，深化对于创新创业理论知识的理解。

（二）教师是创新创业教育的管理者

在教学实践中，教师不仅仅是知识的教授者，还是教学活动的管理

者，特别是在创新创业教育中，教师的管理作用表现得更为显著。因为相比于传统的学科，创新创业教育的教学内容与教学模式都比较开放。比起理论知识的学习与掌握，创新创业教育更强调学生创新创业思维与能力的培养和提升。正是这种显著的开放性与能力本位的教育理念，使得创新创业教育的组织形式与教学方法在实践中呈现出多样化的发展趋势。在这一教学过程中，教学管理就显得尤为重要，倘若管理不当的话，很容易造成教学组织的混乱。教师作为学校教育教学活动的组织者和管理者，需要肩负起创新创业教育教学管理的职责，维护好教学活动的秩序，保证教学活动按照既定的计划开展，更好地实现预期的人才培养目标。

（三）教师是创新创业教育理论的研究者

高校教师既承担着教学任务，也承担着科研任务。我国的创新创业教育起步相对较晚，目前仍处于探索与发展阶段，对于创新创业相关理论的研究仍然比较浅显，创新创业整体教育基础也相对比较薄弱。理论对于实践具有重要的指导作用，高校创新创业教育实践的发展需要以科学的理论为支撑，并给予其方向性指导，因此，在国家大力倡导"大众创业、万众创新"的背景下，高校对于创新创业教育的理论支持具有非常强烈的需求，相应的理论研究任务也十分繁重。

教师是创新创业教育具体的实施者，实践教学经验最为丰富，对于高校创新创业教育的开展情况与存在的问题也更加了解，因此，在创新创业理论研究领域更加有发言权。教师本身也是高校科研的主力军，因此，教育管理部门和高校管理者需要充分调动一线教师的积极性，鼓励一线教师更多地参与到创新创业的理论研究之中。

二、高校创新创业教育师资队伍建设路径

（一）加强创新创业教师在职培训

1. 组织创新创业教师参加校内培训

高校应该重视校内培训的作用。校内培训是促进创新创业教师专业发展的重要途径，打造一支高素质的教师队伍，不仅要重视人才的引进，还要重视对本校教师的培养，这样，才能保证高校师资队伍实现整体优化。组织教师参与校内培训，既是构建高素质师资队伍的需要，也是教师专业发展的需要。校内培训具有以下两方面的优点：

第一，组织方便，校内培训的开展场所是学校，因此，无论从时间维度还是从空间维度来看，都便于组织教师开展培训活动。学校是教师日常工作的场所，校内培训可以在不耽误课程进度的情况下，使教师参与到培训活动中来。学校可以根据教师的工作时间，合理安排或灵活调整教师的授课时间，集中组织教师的开展校内培训。

第二，立足实践，针对性强。校内培训是立足本校教学实践开展的教师培训活动，因此，培训内容更加贴合教师的教学实践。在培训过程中，教师可以就自己在教学过程中遇到的问题展开讨论，或将问题交由经验丰富的教师或者专家进行解答。培训的内容也是以提升本校创新创业教学效果为核心，具有很强的针对性。

鼓励高校创新创业教师参加校内培训，教师通过培训发现并解决在创新创业教学过程中遇到的问题。学校还可以利用老带新的培训方式，让经验丰富的老教师对新教师进行理论与实践层面的指导，用丰富的教学经验帮助新教师少走弯路，提升其教学能力，培训方式可以是新老一对一，也可以是一对多。

高校还可以组织教师交流会，教师通过交流会将自己在创新创业教

学过程中遇到的问题列举出来，供新老教师交流、讨论。教师群体群策群力，共同分析问题产生的原因，探索应对问题的方法，教师还可以通过这种方式发现自己的教学过程中存在潜在的问题，防患于未然。

2. 组织创新创业教师参加校外培训

创新创业教师培训的方式除了校内培训还有校外培训，校内培训侧重解决教师在实际教学过程中遇到的问题，重视对于教师教学能力的培养。校外培训的主要任务则是培养和提升教师创新创业实践技能，提升教师的综合素质。

创新创业教育具有较强的实践性，十分重视对于学生实践技能的培养。教师作为教学活动的主导者，不仅要具备扎实的理论基础知识、开阔的视野及与时俱进的思维，还应该具备较高的职业素养与实践能力，这样才能确保创新创业教育的质量。校外培训将正是帮助教师在实际的创新创业环境中锻炼和提升自身的综合素质。

（二）建设"双师型"创新创业教师团队

1. "双师型"教师的内涵

"双师型"教师是高等教育中一种特定的教师类型，诞生于我国职业教育的实践之中。随着我国职业教育的不断发展，在技能型人才培养的过程中，对于实践性环节教学质量的要求越来越高。教师作为教学活动的主导者，在人才培养的过程中发挥着重要的作用，因此，提升教师的专业素质，优化教师队伍的结构，就成为职业人才培养的重要任务之一，"双师型"教师的概念就是在这种背景下诞生的。

目前学界对于"双师型"教师的概念尚无统一的定论：有的观点认为，"双师型"教师指的是拥有"双证"或者"双职称"的教师；有的观点则认为"双师型"教师定义为兼具理论教学素质和实践教学素质的教师。综合学者的观点，"双师型"教师应该具备以下几方面的素质与能力：

第一，"双师型"教师应该具备较强的教学能力。"双师型"教师的本质仍然是教师，教书育人是其核心职责，因此，"双师型"教师首先需要具备的就是教师职业素养。

第二，"双师型"教师应该具备与讲授专业相对应的行业的职业素质，具备较强的行业或职业的专业能力与实践能力。"双师型"教师与传统教师最大的不同点就是具备较强的专业素养与职业能力，因此，"双师型"教师能够更好地胜任实践技能教学的任务。

第三，"双师型"教师能够沟通学校与社会，促使校内外教育资源实现有效衔接，具备较强的交流、组织和协调能力。

第四，"双师型"教师应该具备良好的管理能力。既具备良好的班级管理与教学管理能力，也具备一定的企业、行业管理能力，能够教授学生丰富的企业、行业管理知识。

第五，"双师型"教师应该具备较强的适应能力与创新能力。"双师型"教师应该具备较强的适应能力，这是其职业特性所要求的。"双师型"教师横跨至少两个领域，对于不同的知识与技能体系、不同的教学与管理方式、不同的单位组织架构、不同的工作目标与工作内容，都具有较强的适应性。

"双师型"教师还应该具有一定的创新能力。创新是时代发展的重要驱动力，也是新时代高素质人才所必须具备的能力，作为为社会主义现代化建设培养高素质人才的教师，也需要具备一定创新能力，这样才能在教学过程中培养学生的创新思维，提升学生的创新能力。[1]

---

① 詹青龙，杨晶晶，曲萌.高校创客教育的智慧化发展研究[M].北京：北京交通大学出版社，2019：31-35.

2."双师型"教师团队的内涵

通过以上阐述，我们对于"双师型"教师的内涵有了较为清晰的认知。"双师型"教师个体的力量有限，高校若想提升人才培养水平，为行业发展源源不断地输送高素质技能型人才，就需要打造一支高素质的"双师型"教师团队。

"双师型"教师团队有两种基本形式：一种是全部由"双师型"教师组成的教学队伍。这种教师团队的成员普遍具有较高的教学能力和职业素养，非常适合技能型人才的培养，但这种教师团队的教师培养周期长，组建成本高，是一种相对理想的职业教育师资团队，但对于部分高校来说，组建这样一支高素质"双师型"教师团队有一定的难度。另一种形式是在"双师型"教师团队中，既有专业的教师，也有兼职的教师，兼职教师有的来自高校，有的来自企业，有的则来自科研单位或行业协会。专职教师主要负责理论知识教学，而兼职教师则主要负责实践教学，团队中的教师各司其职，相互配合完成教学任务。高校应该从自身条件与教学实践出发，组建适合自身的"双师型"教师团队，优化师资队伍，提升技能型人才培养水平。

"双师型"教师这一概念从提出至今已有二十余年，我国的"双师型"教师队伍建设也取得了一定的成效。随着国家对"双师型"教师重视程度的不断提升，"双师型"教师队伍不断壮大，"双师型"教师素质不断提升，为我国高等教育事业提供了更加坚实的师资保障。

但是，在创新创业领域，由于专业建设的时间相对较短，"双师型"教师的师资队伍建设不尽如人意，无论是在质量还是数量方面，都还不能很好地满足人才培养的需求，尚存较大的可提升空间。

3."双师型"创新创业教师团队构建路径

"双师型"教师团队建设是我国高等教育人才能力体系培养和提升的重要基础，创新创业作为发展历程较短的教育领域，更需要实践经验丰富的"双师型"教师对学生的理论学习与实践训练进行指导。构建"双师型"创新创业教师团队主要从以下三方面进行。

（1）引进"双师型"人才。引进"双师型"人才是许多高校构建"双师型"教师团队的主要途径。这种方式的优点有很多：首先，可以起到快速补充高校"双师型"教师队伍的作用，学校通过这种方式能够在短时间内构建一支整体素质较高的"双师型"教师团队。其次，这种方式能够节省学校"双师型"教师培养的时间成本，或者可以在学校"双师型"教师的培养周期内补充学校的师资队伍，实现学校师资队伍的平稳优化。但是这种"双师型"教师团队构建方式也存在一定的缺点：首先，引进的人才对于高校的实际教学情况并不了解，容易导致教师不能很好地适应教学实践。其次，人才引进的方式受一系列外部因素影响较大，难以保证各专业教师资源的平衡和教师资源的充足。

（2）聘请兼职教师。与引进"双师型"人才的方式类似，聘请兼职教师的方式同样可以有效提升高校师资队伍的整体水平，特别是聘请具有创业经验的专业人士，能够对高校创新创业人才培养起到较好的指导作用。聘请兼职教师的优点是能够根据创新创业教学实践的需求灵活聘请专业对口的教师。创新创业具有较强的综合性，且创新创业教育需要与学生的专业相结合，这就对教师的专业能力提出了一定的要求，不仅要求教师具备创新创业的相关知识，还要求教师具备特定专业的相关知识。这种情况下，根据式教学需求聘请专业能力符合的兼职教师就成为不错的选择。

（3）培训现有教师。培训现有教师是"双师型"教师队伍建设的主要途径与趋势。培养创新创业教师，一方面要加强理论研究，重视理论对于实践的指导作用，学习先进的"双师型"教师培养经验，尽量少走弯路；另一方面，教师培养也要抓重点、树典型、立标杆。要对一些创新创业的骨干教师有针对性地进行重点培养，在对"双师型"创新创业教师队伍进行全面培养的同时，要有重点地培养创新创业教师队伍中的一些中青年骨干教师，提升其教学能力与专业素养，使其成为"双师型"教师发展的典范与标杆，在创新创业的教学实践中起到带头作用。

（三）构建科学的教师评价激励体系

评价与激励对于教师的发展具有重要的促进作用，科学的评价与激励体系能够帮助教师发现自身的不足，充分调动教师的积极性。因此高校应建立科学的评价与激励体系。我国高校首先应倡导多元评价主体，采用教师自评、学生评价、第三方评价的形式，对教师的专业素质、教学技能、创业项目成果等进行评价。坚持过程性评价和终结性评价相结合，注重教师创新创业素养的动态发展，将评价结果纳入职称评聘机制和晋升体系。其次，根据教师的物质需求、荣誉需求及职业发展需求给予教师物质奖励、荣誉奖励及职业发展培训机会。

第四节　构建科学评价体系

评价体系作为一种价值判断，对于高校创新创业教育有着巨大的影响，它不仅对于教学活动具有重要的导向作用，而且对于学生知识与技能的构建有着直接的规定性。评价的结果能帮助我们及时发现教育过程中存在的不足，进一步优化创新创业人才培养体系。因此，若想取得理想的创新创业人才培养效果，就必须重视评价体系的科学构建。

一、评价体系构建的原则

（一）整体性原则

整体性原则是高校创新创业人才培养评价体系构建的首要原则。高校创新创业人才培养评价体系不是一系列具体评价措施的简单相加，而是一个完整、复杂的评价系统，这一系统的目的是通过全方位的评价引导高校创新创业人才的培养。

在构建高校创新创业人才培养评价体系的时候需要注重整体性原则，因为人才培养要从整体出发。现代教育理念强调学生整体素质的全面发展，因此，创新创业人才的培养要始终与学生整体的发展和综合素质的提升紧密联系在一起。

整体性原则还要求高校创新创业人才培养评价体系中的各个环节统一成为一个有机的整体，各评价指标之间要有清晰的内在逻辑联系，共同为促进大学生全面发展这一目标而服务。评价指标之间之所以要维持较强的内在逻辑联系，是因为其服务的培养主体以及共同的目标是一致的。人才培养评价体系若不能遵循整体性原则，各评价指标之间就会产生一定的矛盾，这对于人才整体素质的发展来说是不利的。

（二）导向性原则

导向性原则同样是高校创新创业人才培养评价体系构建的重要原则，因为人才培养评价本身是一种价值判断的过程，目的是对人才培养各个环节的科学性进行评价，以优化人才培养的整个过程。因此，导向性既是高校创新创业人才培养评价体系的突出作用，也是高校创新创业人才培养评价体系构建的基本原则之一。

在构建高校创新创业人才培养评价体系的过程中贯彻导向性原则，

需要保证评价体系的指标与内容符合创新创业人才培养的需求。高校创新创业人才培养评价体系的构建要突出反映创新创业的实践性，要重点考察学生创新思维能力的培养和提升，重视对于学生创新创业实践能力的考察。当今时代，随着人才培养理念的发展，高校创新创业人才培养评价体系应该从重视学习结果的终结性评价向重视学习过程的形成性评价与终结性评价并重转变，注重对于学生综合职业能力的考核，注重对于课程内容全面性、科学性、实践性的考察。

导向性还体现在评价体系实际的功能上。由于其最终的评价结果涉及创新创业人才培养具体内容的调整，因此，评价体系对于课程体系的构建、课程内容的选择以及教学的具体实施同样具有重要的导向作用。因此，在构建高校创新创业人才培养评价体系的过程中，需要重视其导向性，要明确人才培养评价体系的重要作用，不能仅仅将其作为一个简单的考察环节，而是要充分发挥其人才培养的导向作用。

（三）层次性原则

层次性原则指的是在高校创新创业人才培养评价体系构建的过程中，应该对课程体系的各个组成部分进行分层评价，对于不同部分的评价既有明确的划分，又有清晰的内在逻辑联系。创新创业人才培养体系包括对于人才培养目标的评价、对于人才培养模式的评价、对于人才培养过程的评价、对于人才培养的保障机制评价等，评价体系覆盖范围广，层次分明。

在当前的高校人才培养评价中，评价的重点往往放在相对容易操作的大学生学业成绩评价与专业课程评价这两个层面，对于大学生综合素质的评价还存在一定的提升空间，这就导致人才培养评价的内容集中在具体的课程教学领域。人才培养评价体系缺乏明确的层次性，造成人才培养评价体系不能很好地反映人才培养的质量与水平。

创新创业人才培养评价体系的层次性原则要求，在构建评价体系的过程中，应该以人才培养评价对象之间的关系为基础，充分发挥评价体系中各子系统的作用，构建层次明确、分工合理、相辅相成的层次性人才培养评价体系。在不同层次、不同环节采取最科学、最适合的评价方式。比如，在创新创业课程教学的评价中，应该重视大学生对于创新创业内容的掌握；在具体的创新创业实践教学中，应该注重对于大学生创新创业技法掌握与应用的评价。不同层次、不同环节的创新创业人才培养评价需要存在缜密的内在逻辑联系，并能够统一成一个有机的整体。

（四）多元化原则

多元化原则是创新创业人才培养评价体系构建的重要原则之一，多元化原则在人才培养评价体系构建的过程中主要体现在两个方面，分别是评价标准的多元化与评价主体的多元化。

首先，高校创新创业人才培养的评价标准不应该是单一的，而应该遵循多元化的原则，这是由价值观的多元化、教育理念的多元化、高等教育自身的多元化及行业对于人才需求的多元化共同决定的。创新创业人才培养评价不仅关注学生对于具体知识的掌握，还重视对于学生专业能力、综合素质以及情感态度等方面的评价。

在多元化创新创业人才培养评价体系之中，评价者不再以一元的认知标准来对学生的知识掌握情况进行分析，而是将学生的知识、能力和素质培养共同作为课程评价体系的基本指标。多元化原则要求创新创业人才培养评价体系以学生为本，以促进学生全面发展为核心，重视学生个性化发展。

其次，创新创业人才培养评价的主体应该是多元的。在我国传统的高校人才培养中，大学生往往扮演着知识的被动接受者的角色。在传统的评价体系中，教育者一般是评价的主体。但随着时代与教育的发展，人们越来越深刻地认识到，学生是教学的主体，人才培养只有坚持以学生为主体，才能达到理想的教育目标。在高校创新创业人才培养中，大学生作为教学活动的主体和心智成熟的个体，具备对于课程的认识与评价能力，且大学生对于课程的评价，能够更加直观地反映课程内容与课程设置的科学与否。

当今时代，创新创业人才培养的主体不再局限于高校，特别是在产教融合理念不断普及发展的今天，校企协同成为高校创新创业人才培养的重要形式之一。企业既是知识与人才的需求者，也是人才培养的主体，校企协同育人要求企业深入参与到人才培养的整个流程之中，企业不但需要与学校共同制订人才培养方案、构建课程体系、确定培养模式，还要与学校共同组织开展人才培养。在这一过程中，企业不但是人才培养的主体，也是人才培养评价的重要主体，企业对于创新创业人才培养的评价更能体现行业对于人才培养的需求，能够帮助学校不断调整与优化人才培养的内容，使人才的培养更加符合社会对于人才的需求。

（五）可操作性原则

一个科学的创新创业人才培养评价体系必须具有较强的可操作性，如果一个评价体系能够全面地反映人才培养的方方面面，但操作难度较大，那么它仍然不能算作科学的评价体系，因为这样的评价体系不但会增加评价的综合成本，在实际执行的过程中也会很容易出现纰漏。一个具有较强可操作性的评价体系，需要具备两个特点：一是简易，二是可测。

首先，在构建高校创新创业人才培养评价体系时，要在保证评价项目完整性的同时，注重评价体系的简化与明确，控制评价指标的数量，剔除无关紧要的评价内容，不应存在评价指标冗余的现象。构建人才培养评价体系应该使评价目标与评价项目之间具有较好的一致性，而这一目标的实现依靠的是能够准确反映创新创业人才培养质量的精简且明确的指标。

其次，创新创业人才培养评价体系构建的可操作性原则还体现在评价项目和评价标准的可测性上。创新创业人才培养要将定量分析与定性分析有机结合在一起。在定性分析层面，要对评价项目与标准的内涵、等级与层次进行明确的划分，不能使用模糊的术语，要提高评价结论的区分度。在定量分析层面，要使评价项目与标准尽量准确、客观、可测量，要选取科学的数据分析模型对评价指标进行计算与分析，提升评价结果的科学性。

二、评价体系构建的路径

高校构建创新创业人才培养评价体系，应注意评价体系包括以下几方面内容。

（一）对人才培养目标的评价

1. 对人才培养目标实现的可行性的评价

人才培养目标对于创新创业人才培养体系的构建与调整具有直接的影响。可行性评价对于创新创业人才培养目标的制定来说十分重要，只有可行的人才培养目标才具有实施价值，才能对课程体系的构建以及教学活动的开展起到指导作用。

人才培养目标的可行性主要体现在以下几个方面：第一，人才目标需要符合客观基础，即学校的教学条件、区域发展实际以及行业对于人才的需求等。倘若人才培养目标脱离了这些基础条件，就不符合人才培养的需求。第二，人才培养目标需要符合学生的认知规律和身心发展规律。学生是教学活动的主体，不符合主体认知规律的目标自然是难以实现的。因此，在制订人才培养目标时，要根据学生的认知规律和自身的发展需要设置人才培养目标的内容与难度。第三，人才培养目标的设定要符合教育的一般规律。高校人才培养的本质是一种教育活动，因此，无论是课程目标的制订，还是课程体系构建的其他环节，都需要符合教育的一般规律。第四，人才培养的目标需要能被教师所理解、接受并能够在实际教学过程中落实。教师是教学活动的主导者，只有在教师理解并接受人才培养目标的基础上，教学活动才能按照目标推进，达到理想的育人效果。

2. 对人才培养目标表述的准确性的评价

人才培养目标对于教学活动具有重要的指导作用，因此，人才培养目标的表述必须是准确的，而不能是模棱两可的。人才培养目标必须对于学生需要掌握的知识与技能进行详细的规定，使学生与教师明确课程教学的内容，这样才能保证教学内容具有较强的针对性，能够切实提升学生的创新创业实践能力，且能够使自身的创新创业素质真正转化为帮助自身实现发展的坚实的素质基础。

3. 对人才培养目标的全面性的评价

人才培养目标的制订需要具有全面性。无论是对于人才培养目标本身来说，还是对于学生个体的发展来说，课程目标的制订既需要符合行业发展的需求，还需要符合学生成长与发展的需求。人才的知识与技能结构是按照人才培养目标进行构建的，而当今时代，促进学生的全面发展是高校人才培养的最终目标，因此，人才培养目标必须有利于学生的全面发展。高校创新创业人才培养目标不仅仅要关注学生知识与技能的学习，还要重视学生综合素质的提升，要把学生的情感、态度、价值观、个性发展、创新能力、沟通交流能力、团队协作能力等因素纳入人才培养目标制定的依据之中，保证在课程目标的指导下，学生的综合素质能够实现显著提升。

4. 对人才培养目标的整体性的评价

整体性指的是不同人才培养目标之间应该具有内在的逻辑联系，而不是彼此孤立的。人才培养是一个完整的系统，因此，人才培养目标也应该从人才培养的整体出发来制订，可以明确重点，但不能局限于对某项具体创新创业知识与能力的培养。创新创业各具体课程与教学环节的人才培养目标应该为人才培养的整体目标服务。

（二）对课程结构的评价

1. 对课程结构合理性的评价

对于课程结构的评价主要关注各类课程之间比例的科学性。课程的结构反映的是学生需要具备的知识与技能结构，因此，课程结构是否合理将直接影响学生的知识与技能结构是否符合行业对于人才的需求。对于创新创业人才培养来说，课程结构合理性评价主要是需要判断理论课程与实践课程、专业课程与通识类课程之间比例的科学性。

2. 对课时安排合理性的评价

对于课程结构的评价，除了评价不同课程比例之间的合理性之外，还需要对于课时安排的合理性进行评价。对于课时安排合理性的评价主要集中在两点。

其一，对于课时总量合理性的评价。在课时安排中，课时总量的合理性是最为重要的问题。课时总量倘若不合理，课程结构的合理性也将无从谈起。创新创业并非一门传统的专业科目，在传统的高校人才培养中，创新创业教学的课时普遍难以保证，因此，难以实现理想的创新创业人才培养效果。若想切实提升大学生的创新创业素质，高校首先应该保证创新创业显性课程课时，保证大学生创新创业知识与技能的掌握，其次，高校还需要合理安排大学生隐性课程的时间，使大学生能够通过隐性课程拓展思路，为大学生的个性化发展提供支持。

其二，对于具体科目课时安排合理性的评价。在创新创业人才培养中，不同科目所需的课时也有所不同，与此同时，市场对于人才需求的变化也会影响具体科目课时的安排。因此，在对具体科目课时安排的合理性进行评价时，要重点关注其是否符合行业对于人才素质的需求，以及不同科目教学对于课时的需求。

（三）对人才培养内容和过程的评价

1. 对教材的评价

教材是知识的载体，是教师开展教学活动最重要的辅助工具。教材直接体现着教学内容，影响着教学方法，在教学过程中扮演着十分重要的角色。对于教材的评价，既要评价教材的逻辑性、科学性、价值性、丰富性，还要评价教材的内容与逻辑是否符合学科教学的规律，是否符合学生的身心发展规律，是否符合学生的认知规律，以及与其他学科内容之间的协调程度。

2. 对人才培养条件的评价

人才培养条件对于人才培养结果具有重要的影响。一切教学活动都离不开相关硬件设施与保障措施的支持，因此，对于人才培养条件的评价也是人才培养内容与实施评价的重要组成部分。由于创新创业人才培养重视对于大学生实践技能的培养，因此，实践条件的优劣对于大学生创新创业素质培养的影响更加重要。

3. 对人才培养过程的评价

对人才培养过程的评价是创新创业人才培养内容和实施过程评价的主体。对于人才培养过程的评价主要集中在对人才培养方式与教学模式的评价上，教师对于教材的理解、对于人才培养目标的把握、选取的教学方法是否有利于学生对于知识的掌握和理解，以及在教学过程中教师是否帮助学生切实完善了知识与技能结构等，都是人才培养过程评价的主要内容。

4. 对教育者的评价

教育者是创新创业人才培养的重要主体之一。教育者主要包括高校教育工作者和各人才培养主体之中的教学负责人。对于高校来说，对教育者所进行的评价主要针对的是教师。首先，要考察教师是否具备创新创业教育的素质与能力，包括职业道德、教育理念、专业知识结构、综合知识素养、沟通能力、教材驾驭和开发能力、教学设计能力、教学监控能力以及学术研究能力等。其次，要考察教师的创新创业实践能力，这是创新创业自身实践性的要求。

（四）对人才培养结果的评价

对于人才培养结果的评价是创新创业人才培养的最终环节，也是人才培养评价最为重要的环节之一。人才培养结果的评价针对的是人才培养的效果，是对整个人才培养过程的总结性评价，其主要作用是通过总结和评价人才培养的效果，影响人才培养的整个过程。创新创业人才培养的最终目的是促进学生的全面发展，因此，对于创新创业人才培养成果的评价不应该仅仅局限于学生对于具体知识的掌握，还应该重视对于学生的创新思维与创新创业素质的考察，将其作为人才培养结果评价的重要组成要素，构建符合社会需求与学生发展需求的创新创业人才培养评价体系。

第五节　优化协同育人途径

创新创业教育具有很强的实践性，涉及很多实践性教学的内容。高校虽然具备丰富的教学与科研资源，但由于其承担着大量专业教学的任务，难以避免地会影响其创新创业实践教学的质量。这时候，就需要多元主体协同推进育人实践的开展，并基于实践不断革新协同育人途径，充分发挥不同人才培养主体的教育资源优势，培养社会所需的高素质创新创业人才。

一、协同育人概述

（一）协同育人的内涵

协同育人指的是在人才培养过程中，育人主体不再局限于单一的学校，而是由学校、家庭、社会共同进行人才培养，不同主体充分发挥自身的教育资源优势，协同开展育人实践。在创新创业人才培养的过程中，协同育人主要指的是校企协同育人，即学校与企业在人才培养方面展开深层次合作，在创新创业教学的过程中，帮助学生将在课堂上所学的知识带入实践，同时，将在实践中遇到的问题带回课堂进行研讨。针对协同育人的具体内涵，学界有多种不同的观点，这些观点能够帮助我们更进一步了解协同育人的内涵。

1. 模式说

模式说将协同育人的本质定义为一种人才培养模式，认为协同育人是一种充分利用不同人才培养主体的教育资源，将课堂知识教学与实践技能训练相结合的人才培养模式。

模式说认为协同育人作为一种人才培养模式，应该强调人才实践能力和综合素质的发展。协同育人需要不同人才培养主体之间展开全方位多领域的合作，包括资源合作、技术合作、科研合作、信息合作等，其主要内容要紧紧围绕人才培养这一核心目标展开。模式说将协同育人看作一种人才培养模式，也看作一种学校、企业和个人的联合发展模式，通过不同主体之间的充分合作展开人才培养，最终实现学校、学生与企业的共赢。

2. 机制说

机制说认为协同育人的本质是一种以社会和市场发展需求为导向的运行机制，强调协同育人过程的运行方式以及其中各要素（学校、企业、学生、社会）之间的结构关系。

机制说认为协同育人是以提升学生的综合能力为重点，以培养符合市场与企业需求的应用型人才为目标，充分利用不同人才培养主体的资源，采取课堂教学与实践教学相结合的教学方式，培养能够适应不同岗位的高素质应用型人才的教育模式。机制说认为企业是校企协同人才培养的主体，学校是人才培养的主导，作为培养对象的学生以及学校与企业的教育资源则是连接学校与企业的纽带。机制说通过剖析协同育人中各要素之间的关系及其运行方式来阐释协同育人的内涵。机制说认为协同育人是一种联通教育活动与生产活动的运行机制，强调对于协同育人的具体内容、目标、模式等进行明确的定义。

3. 中间组织说

中间组织说选择从功能的视角审视协同育人，将协同育人看作一种沟通学校与社会的桥梁，连接课堂教学与实际生产之间的纽带，是帮助学生从校园走向社会的重要路径。中间组织说认为协同育人的本质是一个介于学校与社会之间的组织。中间组织说强调协同育人的纽带作用，强调校企协同在整个育人体系结构中的作用。[①]

　　综上所述，我们对协同育人的含义可以有一个相对全面且清晰的认识。协同育人指的是不同育人主体以培养新时代发展所需的人才为目标，充分利用不同教育主体的教育资源与教育环境，将课堂知识教学与实践技能训练充分结合，培养素质高、能力强的人才，进而推动社会经济发展的人才培养模式。

（二）协同育人的特征

1.互利性

　　互利性是协同育人的典型特性，因为校企协同育人涉及多个人才培养主体，在促进人才全方位发展的同时，能够帮助各人才培养主体实现协同发展。政府、学校、企业与学生个人所重视的利益存在一定的差异，政府与学校均重视社会效益，政府重视区域的全方位发展，学校重视为社会提供高素质人才，并实现自身办学水平的提升。企业重视经济效益，经济效益是企业赖以生存的基础，只有不断优化生产结构，提升经济效益，企业才能在激烈的市场竞争中占据一席之地。学生则重视自身的发展，通过学习知识与技能更好地实现自我价值。利益是事物发展的重要驱动力，协同育人是政府、学校、企业与学生等多种主体共同组成的人才培养系统，该系统的良好运行离不开系统各组成要素之间利益的协调。同时，系统的发展会回馈给各主体以利益，因此，在协同育人的过程中，要找到政府、学校、企业与学生个人的利益结合点，并根据各方的共同

[①]　伍俊晖，刘芬.校企合作办学治理与创新研究 [M].长春：吉林大学出版社，2020：6-7.

利益组织开展人才培养。

2. 创新性

创新是当今时代社会发展的首要驱动力，同样，创新是系统运行发展的关键因素。协同育人是一个复杂的系统，其发展同样需要通过不断的创新得以实现，这一点从协同育人的组织形式、人才培养的理念及自身的发展中可以鲜明地体现出来。

协同育人与传统的教育模式之间存在很大的不同，在传统的教育模式中，理论教学与实践教学相对分离，重视研究型人才培养的教学模式强调理论教学的重要性，忽视实践教学。而协同育人通过充分调动不同人才培养主体的教育资源优势，帮助学生提升综合素质和实践能力。

3. 多样性

协同育人具有多样性的特征。由于协同育人涉及多个人才培养主体，因此，若想达成预期的人才培养目标，需要不同主体之间深入开展全方位的合作，从合作的内容，到合作的方式，再到组织机制的运行和人才培养的内容，都需要呈现出多样化的特点。

4. 文化性

协同育人既是一种基于共同发展目标的教育、科研合作，也是一种基于共同利益的经济合作，还是一种基于共同价值观的文化合作。以最为常见的校企合作为例，无论是企业还是学校，都十分重视文化建设。企业文化包括发展理念、企业制度、管理形式、工作态度以及工作氛围等，校园文化则包含办学思想、教育理念、校园风气、人际环境等。

协同育人的文化性主要体现在两个方面，即育人过程的文化性与不同主体之间的文化合作。在协同育人的过程中，不同主体之间可以进行文化的充分交流，在帮助学生顺利实现人生阶段过渡，实现自身价值的同时，促进各人才培养主体的发展。

二、创新创业协同育人的重要模式——大学生众创空间建设

（一）大学生众创空间的定位

1. 人才培养实验园区

大学生众创空间首先发挥着人才培养的作用。作为高校创新创业教育的一种新模式，大学生众创空间承载着培养和提升大学生创新创业素质的重要任务，培养符合国家创新驱动发展战略和"双创"理念的创新创业人才是其核心的任务。

大学生众创空间在培养创新创业人才的同时，不断探索、优化创新创业教育的方法与人才培养的模式。高校众创空间坚持"重基础、强能力、宽视野、多样性、个性化"的创新创业教育改革主线，探索培养"产业领军人、行业带头人、科技拓路人、创业开拓者"四类人才的有效路径。在教学组织形式上，高校众创空间在局部探索如何实施多类型、灵活的教学组织形式，如何多渠道聚集资源形成新型教学环境，如何有机结合学生特点与意愿并突出学科交叉、多专业融合进行人才培养，为整体创新创业人才培养提供有益的借鉴和成功的范式。

2. 公益性服务平台

非营利性是大学生众创空间的显著特性。以高校为依托，多主体参与建设的大学生众创空间，其定位是公益性的创新创业服务平台。

首先，在功能定位上，大学生众创空间是服务于高校创新创业人才培养的有效载体，是培养新时代高素质创新创业人才的重要阵地。其建设主体是高校，人才培养的目的是服务于社会的发展。因此，大学生众创空间是以强调社会效益为主的人才培养平台，而非以追求经济效益为主的人才培养组织。

其次，大学生众创空间的服务内容是为入驻的创新项目和创业团队

提供免费的课程，为师生免费或低成本地提供办公场地、办公设备、网络等硬件设施，以及免费的信息服务、咨询服务、企业对接、资本对接等服务。

3. 开放式资源聚集地

开放与共享是新时代重要的发展理念，而开放性与全面性又是大学生众创中心的重要特征，因此，在建设大学生众创中心的过程中，应该注重将其定义为一种具备创新创业全要素的开放式资源聚集地。大学生众创中心聚合资源、共享资源的功能主要体现在以下四个方面：

第一，整合校内资源。大学生众创中心可以充分调动校内教学、科研、实验、师资等资源，形成创新创业人才培养的合力，通过校内资源整合成立创新创业人才培养的依托实体，如创新创业实践基地、创客空间、创业孵化基地等。

第二，整合校外资源。大学生众创中心可以整合政府、高校、企业以及各类社会组织的优质资源，促进不同类型资源与信息的开放共享，推动产学研协同育人机制的发展与创新，在具体实施中不断深化校企合作，实现创新创业人才培养主体的多元化，学校与企业协同育人，共同培养符合社会发展需求的创新和创业人才。

第三，整合校内外师资力量。大学生众创中心还能够整合在教学实践中发挥主导作用的师资力量。学校与企业充分合作，通过多种途径优化创新创业师资结构，打造高素质的创新创业师资团队。

第四，大学生众创中心可以将政策、人才、技术、资金、市场等资源整合叠加在众创空间内，为师生创新创业营造更好的环境。

4. 知识产权和技术转移中心

高校拥有大量的优质师资与优秀的科研条件，集中了大量的智力资源，每年都能产出大量的高水平科研成果，因此，高校是国家理论与技术创新的重要支撑力量，但高校的专利成果转化率尚存提升空间。

大学生众创空间以培养高素质创新创业人才为导向，以丰富、优质的教育资源为依托，以校、企、政协同育人为基础，在推动专利成果转化、促进技术与资本联合、优化科技管理体制方面具有重要的意义。大学生众创空间由于其资源整合与开放共享的特点，可以作为高校科研成果转化及技术专利许可、转让、推广的窗口，大学生众创空间集专业咨询、科研开发、技术服务、项目对接、教育培训、信息服务等功能为一体，许多建设成熟的大学生众创空间已经逐步发展成为高校知识产权与技术转移中心。

（二）大学生众创空间建设路径

1. 促进教育与科研有机融合

大学生众创空间兼具教育与科研的功能。我国大力提倡科教融合的理念，高校教育从单纯的教学转向科教并重是教育发展的必然方向。当前，绝大部分高校已经将教育与科研结合推进，但是，对于高等教育来说，若想培养出符合新时代发展需求的高素质人才，仅仅是科教结合是远远不够的，还应该做到科教融合。

大学生众创空间为高校科教融合提供了良好的平台，其自身的创新与教育属性也非常符合科教融合的需求。大学生众创空间在为大学生提供专业的创新创业教育的同时，为科研提供智力、信息、硬件设施等资源的支持。

因此，大学生众创空间的建设应该充分发挥其科教融合的作用，教育与科研两手抓。

大学生众创空间的创新创业教育是一个理论与实践相结合的复杂过程，因此在实际的创新创业教育中，在创新创业教学过程中，要拓宽大学生的创业思维，采用立体式教学手段来开展创新创业教育活动，将理论学习贯穿在实践活动中，将实践活动与理论学习有机地结合在一起，来加强大学生的创业知识学习和创业理念培养。与此同时，大学生众创空间要注重科研成果的产出，在教学的同时充分运用发挥自身资源整合的优势，组织高水平研究队伍展开科研突破。

2. 以跨界融合与学科交叉为基础打造多学科多专业团队

创新创业具有显著的综合性，蕴藏于不同专业、不同学科之中，许多创新创业成果的诞生也是源于学科的交叉研究，因此，以创新创业教育与服务为主要内容的大学生众创空间，也要重视教学与服务内容的全面性，以及学科交叉研究的重要性。

大学生众创空间组建多学科、多专业团队的核心方法是跨界融合，即实行多专业融合、多学科交叉的创新创业教育，并在此基础上组建符合时代需求与市场需要的创新创业团队。大学生众创空间跨界融合、组建多学科多专业团队的主要路径包括以下几种：第一，不同专业、不同学科背景的专业人员、教师、学生跨界合作。第二，教师与学生打破传统的垂直师生关系，跨界合作，在教师的引导下，共同开展创新创业实践。第三，不同参与主体跨界合作，高校、科研机构以及不同类型的企业可以通过跨界合作探寻新的创新创业机遇。

3. 深化产教融合

产教融合既是一种教育理念，也是一种办学模式，相对于其他较为成熟的教育学理论，其提出时间相对较短，学界对于其概念的界定也存在许多不同的观点。作为一种人才培养方式，自中华人民共和国成立以来，我国就重视劳动、生产活动与教育的结合。作为一种具体的人才培养理念，产教融合提出的时间则相对较晚，是在高校人才培养实践中逐渐总结形成的。

产教融合最早是由高职院校根据其人才培养特点提出的构想，这种构想由于符合职业人才培养的需求，受到国家和社会的普遍重视，并作为一种人才培养理念被纳入教育改革和发展的内容之中。产教融合，从人才培养过程上来看，指的是生产活动与教育活动的融合；从人才培养主体的角度来看，指的是学校与企业之间的充分合作。总的来说，产教融合就是将教育与实践充分结合，通过学校与企业之间的深入合作，培养高素质技能型人才，实现学生、学校与企业共同发展的一种人才培养模式。

在产教融合的概念中，有几个重点需要我们关注：其一，产教融合既是一种人才培养模式，也是一种人才培养理念，而不是具体的教学方法。其二，产教融合的核心是学校教学与企业生产的有机结合，是一种建立在校企充分合作之上的人才培养模式。其三，产教融合强调对于学生实践技能的培养和提升，这并不是说产教融合不重视理论知识的教学，而是强调理论知识教学与实践技能培养的充分结合。其四，产教融合的目的不仅仅是促进学生的发展，学校与企业也能通过产教融合实现自身的发展，学校能够优化教学模式，提升办学水平，企业则可以获得智力资源与人才资源，优化生产结构，创新生产模式，提升市场竞争力。

产教融合具有丰富的内涵，在具体的人才培养过程中有许多表现形式，产学研一体化发展以及一系列校企合作就是其中的代表。

总的来看，产教融合的人才培养主体有两个，分别是学校与企业。学校与企业可以通过产学研一体化以及校企合作实现人才培养目标，进而实现校企双方的共同发展。这种双主体育人的人才培养模式，在技能型人才培养方面具有得天独厚的优势。由于部分学校受制于硬件条件，难以为学生的实践技能训练提供足够的支持，这也导致了传统教育模式中技能型人才培养的两极分化。

产教融合重视理论与实践的充分结合，使企业成为育人的主体，能够大大增强学生的实践能力的培养效果；同时，强调学生专业理论知识的扎实掌握，体现出对于学生专业素养全面发展的重视。因此，产教融合十分契合当代教育的发展，特别是技能型人才的培养。

产教融合对学生、学校和企业三者的发展都大有裨益，是一个多方共赢的机制。对于学生来说，产教融合可以帮助学生在学习理论知识的同时提升实践能力，实现更加全面的发展，也为以后的就业提供有力的保障。对于学校来说，产教融合创新了学校的教学模式，将理论与实践充分结合，帮助学校提升人才培养的水平。对于企业来说，产教融合可以为企业提供专业对口且具备一定实践经验的高素质的人才。企业与学校之间的深入合作，还能保证人才供应持久性，有利于企业的进一步发展。

从区域发展的层面来看，产教融合还能促进地方经济的增长。产教融合与职业教育人才培养十分契合，而我国的职业院校一般是地方性的，办学的重要目的之一就是服务地方，为社会提供高素质人才，促进地方经济发展。我国的职业院校以就业为导向，培养技能型人才，这也正是产教融合发展的目标指向。

大学生众创空间作为一种具有较强实践性的教学与服务平台，其运行模式与产教融合的理念十分契合。因此，无论是人才培养体系的构建、教学模式的选择、教师与服务团队的打造，还是服务的内容，都应该以产教融合理念为指导，只有不断深化产教融合，才能保证大学生众创空间能够充分发挥其应有的作用。

（三）大学生众创空间的运营机制及成果转化

1. 大学生众创空间的建设目标

（1）优化大学生创新创业平台。大学生众创空间兼具教育、平台以及产业等属性，既能够为大学生提供创新创业教育，也能够为大学生提供创新创业平台。大学生创新创业教育是新时代高校人才培养的重要内容，不但符合时代发展对于人才的需求，而且有利于学生更好地实现自我价值，创造更大的经济效益与社会效益。同时，大学生众创空间是高校进行教育改革的重要平台，高校通过大学生众创空间的建设和完善，不断优化人才培养方式，培养大学生的创新创业思维，使大学生具备创新创业能力，同时，帮助大学生进行创新创业。

（2）实现新项目的创建。大学生众创空间不仅是一个教育平台，也是一个创业实践平台，产业性是大学生众创空间建设过程中十分重要的内容。大学生众创空间可以通过相关的市场与产业信息完成创业活动的实践，有效实现创业活动向产业实践的转换，从而为大学生接触产业活动提供一定的平台，即可以利用项目的培育实现企业的起步，从而赢得更高的经济收益，实现经济效益的增长与提升，促进我国市场的发展。这种在人才培养的同时创建创新创业项目的模式，是产教融合的具体体现，有利于系统的良性循环。

（3）构建生态化的创业系统。大学生众创空间作为一种新型的集教育、科研、实践于一体的平台，能够为我国的创业体系注入更多的活力与动力，不断推动创业系统的进步，从而实现其生态化发展。大学生众创空间是创业系统生态化的建设基础，其可以通过有效的项目管理与资源配置实现众创空间的发展，从而最大限度地提升市场人力、物力以及理论资源的利用效率，提升创业项目的质量与可行性，不断优化我国的创业系统。①

2. 大学生众创空间运营机制问题的应对策略

近年来，我国大学生众创空间的建设取得了显著的成效，高校不断优化大学生众创空间的运营机制，使之在创新创业人才培养与创新创业实践中发挥着越来越重要的作用。但是，大学生众创空间毕竟是一种新的模式与平台，其运营机制尚不完善，仍存在着一些问题，我们可以从以下几方面入手，不断优化和完善大学生众创空间。

（1）深化校企协同育人。大学生众创空间的建设与运营的主体是学校，但大学生众创空间若想更好地发展，单单依靠学校是不够的，还需

---

① 吴国君. 大学生创业能力培养 [M]. 长春：吉林人民出版社，2019：149-152.

要将企业纳入人才培养与创新创业服务的体系中来。企业具有丰富的实践经验，对于市场的了解也更为深入，同时拥有较为优质的实践条件，学校应该加强与企业的合作、交流，从而为创业活动项目的实践提供一定的产业平台。实现校企合作，不仅能够为创业项目的实践提供必要的企业资源与平台，还能够对其进行有效的教育，因此，学校应该加强并深化与企业之间的合作，构建并不断完善校企协同育人机制。

（2）完善顶层设计。顶层设计对于大学生众创空间的运营发挥着重要的指导作用。由于大学生众创空间涉及大量的参与主体，很容易造成资源的浪费以及各部门之间协调不到位。良好的顶层设计，能够在很大程度上提升资源的利用效率，提升大学生众创空间运营的合理性与标准性。学校还应加强与龙头企业、优质企业之间的合作，积极引导学生的相关创业项目向各大领域发展，通过顶层设计保证大学生众创空间的建设和运营质量。

（3）强调创业项目的作用。创业项目是大学生众创空间的主要内容，大学生众创空间与传统人才培养模式最大的不同之一就是打造了一个实践平台，而这种实践平台是以具体的创新创业项目为核心的，师生能够通过具体的项目培养和提升自身的创新创业综合素质，同时创造一定的价值，或取得一定的科研成果。

大学生众创空间全部服务都应该以创新创业项目为主实现服务质量的提升。学校应该为满足学生创新创业项目的具体需求，提供基本的条件与平台，首先，高校应该从具体的项目出发，实现大学生众创空间运行的市场化，为项目的实践打造可靠的平台。其次，高校应该重视信息平台的建设，拓展创业者获取信息的渠道，保证信息的时效性，这样才能切实发挥大学生众创空间应有的作用。

3. 大学生研究成果转化的分类

随着时代的发展，高校科研转化越来越受到国家的重视，政府出台了一系列政策措施来保证大学生研究成果转化。大学生研究成果转化是高校积极实施创新驱动发展战略的重要手段，是高效推进创新创业人才培养的重要支撑。

从性质上来划分，大学生研究成果转化可以分为商业性质的转化与非商业性质的转化。商业性质的大学生研究成果转化包括自主创业、技术咨询和技术许可。非商业性质的大学生研究成果转化包括人才培养、学术会议和发表著作等无直接商业交易的内容。

大学生研究成果的转化直接影响到大学生开展创新创业实践的主动性，良好的成果转化机制能够确保大学生通过创新创业实践创造出更多的价值，实现个人价值，获取社会效益与经济效益。大学生众创空间作为高校创新创业教育的重要载体，需要构建强有力的成果转化支持体系，为大学生的创新创业实践提供强有力的支持。

4. 大学生众创空间成果转化的支持体系

构建和完善大学生众创空间成果转化的支持体系，首先需要国家从上层建筑方面完善相关政策支持，发挥政策的引导作用，营造良好的创新创业环境，给予大学生充分的支持，降低创业成本，让有创业意向的大学生能够通过大学生众创空间这一创新创业平台真正实现自身的价值。

针对当前大学生创新思维与创业能力相对缺乏的问题，高校需要充分发挥自身的育人作用，充分整合众创空间以及院内教师资源，同时吸收外部资深兼职教师的加盟，打造一支素质过硬的创新创业教育师资团队。在大学生众创空间的创新创业教学中，可以采取大学生更愿意接受的实践性的学习模式，开设大学创新创业课程和创新创业案例教学，在实践中提高大学生创业技能和创业的整体能力。以大学生众创空间为依托，教师和大学生可以根据自己的兴趣爱好，组建科研成果转化创业团队，进行成果转化的应用开发，促进师生研究成果更好地转化。

大学生众创空间还可以构建以新项目、新产品为基础的科研成果转化的培养模式，不断深化产教融合，提升校企合作水平，通过专利成果或由企业指导大学生进行产品的开发，为大学生创业提供方向引导，避免大学生由于缺乏经验而开展盲目的创业尝试，帮助大学生规避一些创新创业过程中常见的问题。[①]

通过政府一系列政策的支持，大学生众创空间可以构建素质更高的师资队伍和更科学的创业实践性课程体系，以及构建以新产品和"互联网+"为基础的科研成果转化的培养模式，利用产学研合作体系，引入企业投资模式，加快实现产业化，生产出满足消费者需求的、有价值的、符合市场机制的新产品，实现大学生众创空间的研究成果转化的目标。

---

① 吴国君. 大学生创业能力培养 [M]. 长春：吉林人民出版社，2019：152-154.

第六章

高校创新创业人才培养的机制保障

· ·

高校创新创业人才培养是一个复杂、完整的系统，保证系统的良好运行与创新发展除了需要重视理念的支撑与路径的规划外，还需要拥有健全的运行机制来提供保障。本章从动力机制、协同机制、评价机制与整合机制的角度入手，对高校创新创业人才培养的机制保障进行深入研究。

第一节　优化动力机制

　　任何系统的形成与运行都是需要一定的力量来驱动的，高校创新创业人才培养自然也是如此。本节通过对高校创新创业人才培养动力机制的内涵、高校创新创业人才培养的内部和外部动力以及宏观、微观动力的研究，探讨高校创新创业人才培养动力机制的强化途径。

一、动力机制概述

（一）动力的定义

　　"动力"一词在《现代汉语词典（第7版）》中的解释是"使机械做功的各种作用力""比喻推动工作、事业等前进和发展的力量"。在一般意义上，动力指的是推动有机体行为，进而使事物产生目的性变化的力量。我们可以将"动力"理解为一种驱动事物发展的有利因素。根据事物发展的不同阶段，动力可以划分为形成动力和发展动力。形成动力一般与偶然因素联系在一起，其包含着一定的历史因素与偶然因素，而发展动力则一般具有相对明显的发展规律与作用规则，是一种相对稳定的协调关系。我们如果按照动力的来源对其进行划分，还可以将动力划分为内部动力与外部动力。其中，内部动力对于事物的发展起着最为重要的推动作用。

（二）动力机制的内涵

"动力机制"是在组织系统中，主体系统运用多种激励手段并使之规范化和相对固定化，从而与客体相互作用、相互制约的结构、方式、关系及演变规律的总和。

动力机制是用一系列客观理性的制度来反映主体与客体之间发生作用的方法。动力机制一旦形成，就会作用于系统本身的内部组织，使组织在特定状态下运行，并进一步影响其发展。动力机制有两个最为基本的表现形式，即激励和惩罚。激励指的是通过正向激励帮助系统实现更好的发展，而惩罚指的则是通过一定的惩戒措施促使主体向预期的方向发展。

二、高校创新创业人才培养动力机制优化策略

（一）内部动力与外部动力相结合

动力分为外部动力与内部动力，外部动力也叫客体推动力，指的是人的外部需求给人们带来的谋求发展的动力，这些外部需求包括金钱、地位、物质享受等。内部动力也就是主体原动力，指的是人的内部需求给人们带来的谋求发展的动力，人们的这些内部需求一般是一些高层次的需要的满足，如自我价值的实现、个人荣誉、社会责任等。良好的高校创新创业人才培养动力机制需要将内部动力与外部动力充分结合，才能实现最佳的效果。

1. 在课程教学中做到内部动力与外部动力相结合

在外部动力方面，高校在进行创新创业人才培养时，要保证创新创业的课时和教学质量，只有维持较高的教学质量，才能保证切实培养和

提升大学生的创新思维与创业素质，才能让广大师生真正重视创新创业教育实践，且有信心、有能力开展创新创业实践。

在具体的人才培养过程中，各院系要针对不同专业、不同类型的大学生的特点开设专门的创新创业课程，做到以学生为本，因材施教。当前我国部分高校往往以普通公共课的形式开展创业教育，不论面对什么专业的大学生，教学内容往往都是一模一样的，这就造成大学生创新创业教育的内容与专业关系不大，教育资源被严重浪费，而且不利于大学生创新创业素质的有效提升。

大学生创新创业教育应该与大学生的特点以及专业充分结合在一起，让大学生学以致用，把自己学到的丰富的专业知识用到现实和追求自己的理想中去，为自己所用，如果进行创业，也应该在自己擅长的领域或自己的专业领域开展创业实践。因此，高校在开设课程的时候应该针对不同院系和专业，灵活开设必修课和选修课，教师在课堂上不仅要普及创业的意义、创业的准备、创业的方法与技巧等普遍性常识，引起大学生的兴趣，培养大学生的创业意识和精神，还要结合相关案例进行教学，帮助大学生将创业知识与自身所学专业充分结合在一起，让大学生学会如何在创业过程中运用自己的专业知识，在自己熟悉的专业领域进行创新创业。当然，在创新创业课堂中，对于企业创建和管理的内容应该进行重点讲解，因为这是具有一定专业性的创业知识，通过对此类知识的讲解，能够引起大学生浓厚的创业兴趣，丰富大学生的创业知识，提升大学生创新创业的自信心。

在创新创业课程教学中，内部动力的作用主要体现在选修课上。重视大学生的主体地位，就要做到尊重大学生的个性，在教学过程中给予学生更多自由选择的权利。大学生可以根据自己的兴趣选择适合自己的选修课程。内部动力是大学生对于自身人生价值和理想的追求，当大学生的创业兴趣不在自己的专业领域时，可以选修自己感兴趣的课程。选修课会教授不同领域的创业知识，如创业准备、创业素质、创业过程和创业方法等。这是在校外很难学到的知识，高校需要开发一些创业类教材，包括对创业者个人性格和素质的评估、开发和训练，以及策划、经营、经济、市场评估等创业方面必备的知识，当然，这些课程的学分需要提高，目的就是激发大学生的学习动力。

2. 为大学生提供足够的创业实践机会

在高校教学中，理论教学占据相当大的比重，大学生普遍缺乏动手实践的机会，而创业教育倘若仅仅停留在理论教学层面，是不足以引发大学生的兴趣的，也难以使创新创业的氛围充盈整个学校。因此，若想切实提升创新创业教育的质量，就需要重视实践教学，给予大学生足够的实践机会，通过实践激发其创新创业的内部动力。

创业具有显著的实践性，创新创业人才培养还需要大学生实际动手操作。兴趣需要在实践中慢慢产生，大学生的创业实操技巧、人际交往能力和心理素质都需要在实践中得到锻炼和提升。大学生在实践的过程中不但能提高自身的综合素质，还能增强创业的信心，进而更积极地继续参加创业实践，形成良性循环，这体现了外部动力和内部动力的融合。

3. 给予大学生创业丰厚的物质奖励

政府、高校与企业等人才培养主体应该设立创新创业专项奖学金以及校企合作的奖学金和资金，奖励大学生在大学期间创新创业的实践成果，使大学生有更强的动力开展创新创业实践。创新创业专项奖学金以及校企合作奖学金在提升大学生创业积极性的同时，能为学生提供一定的创业资金，解决大学生普遍面临的创业资金不足的问题。

4. 综合利用多种手段调动大学生创业积极性

高校还可以在创新创业人才培养中做到内外动力结合，综合利用多种动力手段激发大学生创业积极性。其中，包括但不限于在大学生组织学校活动时，让大学生自己做主，发挥新时代人才的聪明智慧和潜力，运用宽领域的创造性去开展创新创业活动，对于举办顺利和成功者，院系、学校老师和领导应给予充分的支持和鼓励，让他们产生对自我的价值认同，从而更加努力地开展创新创业活动。[①]

（二）宏观动力与微观动力相结合

高校应该在创新创业人才培养中采取适当的措施，为大学生创业提供必要的资源支持，促进大学生创新实践的开展，给予大学生足够的支持，帮助创业的大学生树立足够的自信心，消除其内心障碍。高校是个庞大的系统，不仅需要外部动力与内部动力相结合，还需要宏观动力与微观动力相结合，才能吸引大学生的注意力，激发他们的热情，才会有更多的具有潜在创新创业才能的人才被发掘。

1. 营造浓厚的创业氛围

在宏观上，从社会发展的角度来说，国家应该加强舆论引导，在整个社会层面营造一种良好的创新创业氛围，使人们崇尚创新、愿意创新、善于创新。从学校的角度来看，良好的创新创业校园文化、思想氛围是吸引大学生注意，使大学生产生创业意识的催化剂，是提升大学生创造力、促进大学生创业成功的助推器，是高校新式教育成功的基础。创新创业专注于把大学生被动择业转变为主动创业，将"强调个人的努力、机会平等"的平等思想与大学生创业相联系，形成一种激励创业、包容失败的文化氛围。

2. 针对开展创业实践的大学生设立专门奖励

创新创业人才培养，不仅要营造宏观环境，还要结合微观动力机制；不仅要在整体环境方面营造鼓励创新创业的氛围，还要使学生切实感受到创新创业政策的支持。在微观上，高校应该针对开展创业实践的大学

---

① 詹青龙，杨晶晶，曲萌.高校创客教育的智慧化发展研究 [M].北京：北京交通大学出版社，2019：169-180.

生设立专门奖励，如设立专门的创业学分、专项奖金等，以鼓励大学生主动参与创业实践。

（三）奖励与惩罚相结合

1.给予在创业学习中表现良好的大学生相应的奖励

高校应该给予在创业学习中表现良好的大学生相应的奖励，或是以奖学金的方式给予鼓励，或是授予在创新创业方面取得良好成果的大学生以公开表扬和鼓励，给予大学生精神上的鼓励。

2.处罚未完成创新创业任务和在创新创业活动中犯错误的大学生

该机制主要是发挥管理中的负强化效应，即通过对在创新创业活动中，不积极完成任务、敷衍了事，或者犯了错误的大学生实施的否定、限制以及严肃的处罚来扭转、改变、引导这种行为的发生，从反面激发大学生主动创新创业。

第二节　优化协同机制

我们在前面探讨了协同育人的内涵，协同机制即在更为宏观的视角将这种协同育人的模式机制化，形成一种结构稳定、运行科学的多主体协同育人系统。创新创业协同育人就是要立足不同育人主体教育资源的发挥，不断优化协同机制，形成更强的教育合力。

一、协同机制的内涵

协同机制的理论基础是 1977 年由德国物理学家哈肯提出的协同论。协同论认为远离平衡的系统在与外界物质或能量交换达到某种临界点时，会促使其各个子系统产生相同或者相似的共振或相变，并自发地作出集体行动，进而实现各子系统由无序向有序的状态转变。[①]

协同机制指的是协调两个或者两个以上的不同资源或者个体，协同一致地完成某一目标的过程或能力。根据协同理论，协同机制的内涵主要包含以下几个方面。第一，远离平衡状态是系统实现无序到有序的必要条件，只有远离平衡状态，才能保证系统的活跃性与动态性。创新创业人才培养系统是一个不断运动、变化和发展的系统，不同人才培养主体之间的地位、功能、作用，以及培养的内容等不是一成不变的，而是根据学生的特点和人才培养需求变化而不断调整的。第二，整体性是系统实现无序到有序的基础，系统中的各子系统或参与要素只有在统一于一个系统，或在一定条件下可以与系统产生一定的联系，系统的各组成部分之间能够相互影响与作用，才能使整体协同成为可能。第三，系统若想实现良好的协同发展，整体中的各子系统之间需要具有一定的相似性或者包含某些共同的特征。比如，在创新创业人才培养中，政府、学校、企业、社会、家庭和学生个人共同组成一个庞大的人才培养系统，各主体之所以能凝聚在一起，是因为创新创业人才培养这一实践包含着多主体的共同利益，利益的相似性使得不同性质、不同特点的主体能够实现有机协同。

---

① 陈春花，曹洲涛，宋一晓，等.组织行为学 [M].4 版.北京：机械工业出版社，2020：352-353.

二、高校创新创业人才培养协同机制优化路径

（一）发挥学校的主导性作用

学校是人才培养的主导者，也是创新创业人才培养重要的主体之一，在创新创业人才培养的过程中，不仅要保证创新创业的课时，还要将创新创业的相关知识融入学生专业课的学习中。在创新创业人才培养的过程中充分发挥学校的主导作用，主要从以下几点入手。

1. 丰富创新创业教育的内容

创新创业并非传统的专业科目，既包含具有自身特色的专业知识，也包括大量的拓展知识内容。创新创业不仅关注学生对于具体知识的掌握，还重视对于学生创新思维的培养和提升，以及学生综合素质的发展。因此，高校应该不断丰富创新创业教育的内容，充分发挥自身的主导作用，保证学生创新创业知识与技能结构的健全和完善。

2. 创新育人模式

在我国高等教育中，传统的创新创业教育一般是以普通公共课为基本载体的，这样的教学形式不能保证足够的课时，缺乏科学的人才培养计划，难以实现理想的创新创业人才培养的目标。高校若想培养出高素质的创新创业人才，就必须加强与其他育人主体之间的合作，创新育人模式，通过协同育人使学生能够将课堂所学知识运用到具体的实践之中，并使学生在实践中不断提升自我，促进学生创新思维与创业素质的提升。

3. 注重学生综合素质的提升

提升学生的综合素质、促进学生的全面发展是高校人才培养的根本目标，无论是专业课教学，还是通识教育，都需要服务于这一目标，创新创业人才培养自然也是如此。创新创业教育的目的不仅包括使学生掌

握具体的创新技法与创业方法，还包括使学生具备较强的综合素质，在工作和生活中用创新的思维进行思考，用创业的精神品质去更好地实现自我价值。大学生在接受系统的创新创业教育后，并非全部会开展创新创业实践，甚至能够进行创新创业实践的只是其中的一小部分人，但是，创新创业教育对于学生综合素质的提升，却能使学生受益终身。

（二）发挥家庭的基础性作用

家庭在学生一生的发展中起着至关重要的作用，家庭是学生接受启蒙教育的地方，学生的人际交往、个人品德、性格特点等都受到家庭的巨大影响。家庭教育是学生世界观、人生观和价值观形成的重要教育资源，父母是孩子为最直接的教育者，其言传身教对于学生的成长和发展具有深远的影响，因此，可以说，家庭教育对于学生的发展具有基础性作用。

家庭同样是创新创业人才培养重要的主体之一，因为创新创业教育不仅是具体知识与技能的传授，更是一种对于学生品格的塑造过程，家庭作为学生最重要的生活环境，其对于学生创新创业素质形成过程的影响是潜移默化且深远持久的。比如，观念相对保守的家庭在思维模式上也会相对保守，可能会倾向让学生从事相对稳定、传统的工作，而不鼓励学生进行创新创业，这就会在很大程度上影响学生创新思维的发展与创业意识的形成。而观念相对开放的家庭则更支持具有冒险性的行为，对于学生的创新创业行为也会更加支持。

完善创新创业人才培养的协同机制，必须重视家庭这一因素对于学生成长的重要影响，夯实家庭在学生成长中的基础性作用，为创新创业人才培养营造良好的家庭环境。

（三）扩大企业的主体性作用

企业是创新创业人才培养的重要主体之一，特别是在协同育人理念不断发展的今天，企业在人才培养中发挥的作用不断提升。创新创业人才培养具有较强的实践性，不仅重视学生具体知识的掌握，还强调使学生能够掌握具体的创新创业方法与相关技能，能够自主开展创新创业实践。"纸上得来终觉浅，绝知此事要躬行"，高校的教育资源有限，而企业作为市场经济最重要的参与主体，恰好能够为学生提供良好的实践平台，帮助学生在实践中深化对于课堂所学知识的理解，切实提升自身的创新创业素质。

当前，产教融合已经成为应用型人才培养的重要理念，但这种人才培养模式更多存在于职业教育或者部分技能型人才培养之中，在其他人才培养领域并未得到广泛的普及。创新创业本身具有显著的实践性，相较于理论学习，更加重视对于学生创新创业能力与综合素质的培养和提升，而创新创业素质与能力的培养和提升离不开实践教学，因此，在创新创业人才培养的过程中科学引入产教融合的相关理念，使企业深入参与到人才培养的过程中来，充分发挥企业的资源优势，扩大其在人才培养中的主体性作用，对于创新创业人才培养协同机制的优化来说非常重要。

（四）增强不同人才培养主体的教育合力

"双创"是新时代重要的发展理念之一，高校创新创业人才的培养应该调动一切积极因素，采取各种有效手段，利用各方的优势资源，使政府、高校、家庭、企业等各人才培养主体充分协调、通力协作，全社会共同营造积极进取、开放包容、健康向上、鼓励创新、支持创业的价值导向和良好氛围。

不同的人才培养主体在创新创业人才培养中发挥着不同的作用，政府发挥的作用主要集中在宏观层面。在政策层面，政府出台相关政策支持创新创业实践与创新创业人才培养，在社会环境方面，政府通过主导舆论营造一个支持创新创业的良好社会环境。同时，政府是协同育人的主导者。创新创业人才培养的主体是多元化的，其中，政府发挥着主导的作用，协同育人系统的构建离不开政府的政策支持与帮助。政府参与协同育人的方式主要有两种。其一，政府可以通过项目招投标、投资、宣讲等方式直接参与协同育人系统的组织和建设，成为协同育人系统的重要成员，深入参与到创新创业协同育人系统的运行之中。其二，政府可以通过宏观调控的手段对协同育人系统的建设与发展进行规划，充分发挥风险防控和组织调控的作用，以保证协同育人系统的良好运行。

高校与企业是创新创业人才培养最重要的主体，分别承担着理论教学与实践教学的主要任务。在协同育人系统中，作为人才培养的主导者，学校以其得天独厚的教育资源与科研条件，为学生提供良好的创新创业学习环境，同时为企业提供人才与智力支持。而在协同育人系统中，企业既是人才、智力和技术资源的需求者，也是人才培养的另一主体，企业承担着实践教学的重任。企业不但能为学校提供学生的实习场所、工作岗位，还能为学校的发展提供资金和技术的支持。学校是非营利机构，但是在协同人才培养中，需要消耗大量的人力、物力、财力，这就需要企业充分发挥作用，为协同人才培养提供坚实的物质保障。

创新创业人才培养主体的多元化要求各人才培养主体不能各自为战，而要形成教育合力，这是由人才培养系统的整体性决定的。无论是教育内容，还是教育环节，都应该具有较强的内部逻辑联系，能够切实帮助学生实现全面发展。

第三节　完善评价机制

我们在前面已经就创新创业人才培养评价体系的构建进行了系统研究，在这一部分，我们将进一步探讨评价机制的运行与完善，以求创建科学、系统的创新创业人才培养评价系统。

一、评价机制的概念

"机制"一词在《辞海》（第七版）中的解释是一个工作系统的组织或部分之间相互作用的过程和方式，包括其组成部分的相互关系以及其间发生的各种变化过程的性质和相互联系。基于这一概念，我们可以总结出评价机制的概念：评价机制是为实现评价功能的一种内在工作方式，是评价系统组织运行的基本模式，主要包括评价制度、评价机构、评价对象和评价方法等。

评价机制是一种具有相对稳定性的组织运行模式，不是所有的评价活动都具有完善的评价机制。当今时代，社会各领域的发展水平不断提升，教育、科研领域的发展更是受到各国的高度重视，随着社会经济的发展和教育水平的提升，传统的经验决策已经越来越难以适应新时代的步伐，构建科学的评价机制与科学的决策模式已经势在必行。

创新创业人才培养不同于传统的研究型人才培养，其不仅重视学生对于基本创新创业知识的掌握，还重视对于学生创新思维与创业素质的培养和提升，具有鲜明的时代性与实践性。因此，在创新创业人才培养中，无论是教学模式还是评价模式，都需要依据时代需求与学科特点进行构建。

二、评价机制的作用

在创新创业人才培养中，评价机制是科学决策必不可少的组成部分，它通过对人才培养过程以及学生学习成果的评价，发现人才培养过程中存在的问题，总结成功的经验，优化人才培养模式。评价机制的作用主要体现在以下几个方面：

第一，科学的评价机制可以实现资源更高效的配置，使资源能够得到更好的保护和利用。在创新创业人才培养中，由于学科发展历程较短，教育资源的分配也并未形成一个相对稳定的格局，这时候，评价机制的作用就被凸显出来。科学的评价机制，能够对于教育资源分配与使用的合理性进行全面的评价，使有限的教育资源能够得到充分的利用。

第二，科学的评价机制能够作为一种监督的手段，为创新创业人才培养主体提供关于人才培养的更加全面、客观、详细的信息。科学的评价机制在评价内容上能够覆盖人才培养的各个环节与各组成要素，能够科学地反映人才培养过程中具有的优点与存在的不足，帮助人才培养主体更好地观察人才培养的整个过程，同时作出更加科学的决策。

第三，科学的评价机制对人才培养具有重要的导向作用。评价本身是一种价值判断，实践主体通过这种价值判断作出更加科学的价值选择，以更好地展开实践。在创新创业人才培养中，人才培养实践的开展是以评价机制为重要参考的，通过评价机制，人才培养的主体可以准确把握人才培养的重点，及时发现人才培养过程中存在的问题，并对人才培养模式或人才培养具体的方式方法进行及时调整。与此同时，科学的评价机制为学生的学习指明了前进的道路，使学生能够沿着正确的方向建构自身的知识与能力体系，同时根据评价机制的反馈及时发现自身在学习过程中存在的不足，及时调整学习方法，解决遇到的问题。

三、高校创新创业人才培养评价机制的完善路径

（一）丰富评价主体

所谓评价主体，指的就是主导评价活动的对象，即对于人才培养的质量作出评价的人。在我国传统的人才培养模式中，教师一般是最主要的评价主体，这样的评价虽然易于操作，但是普遍具有很强的主观性，教师个人对于评价机制的影响太大，而教师之间在价值观、综合素质、教学特点、性格特点等方面又存在一定的差异，教师通常站在自己的立场上对教学活动进行评价，这就导致评价机制的科学性受到一定的影响。

在创新创业人才培养中，人才培养的主体不再仅仅局限于高校教师，政府、企业等主体也深入参与到人才培养的过程中来。同时，创新创业人才培养十分重视学生的主体地位，在教学过程中强调以学生为主体，重视学生个性的发展。因此，若想构建科学的创新创业人才培养评价机制，就必须保证评价主体的多元化，要使创新创业人才培养的各重要主体参与到人才培养评价的过程中来。

教师与高校教育工作者在人才培养评价机制中仍然占据着十分重要的位置，因为以教师为代表的教育工作者是教学活动的主导者，是高校理论与实践知识的传授者，是人才培养计划的主要参与实施者。教师具有相对较高的综合素质，掌握着专业知识与技能，且具有丰富的教育学知识与教学经验，深入教学的一线，因此，教师对于学生的评价是最具有专业性的，也是最贴近教学实践的。

我们在前面提到，企业是创新创业重要的人才培养主体，是实践教

学任务的主要承担者，是大学生创新创业实践教学平台重要的参与者，企业不仅具有丰富的实践教学资源，还能为创新创业人才培养提供资金保障。企业深入参与人才培养使得其同样需要承担起人才培养评价的重任，因为作为重要的人才培养主体，企业既要通过人才培养评价表达自身的诉求，还要通过人才培养评价及时发现人才培养过程中的不足，调整人才培养的方式方法。

以学生为本，重视学生在教育活动中的主体地位，是当今时代重要的教育理念。学生的主体地位不仅体现在学生是教育活动的对象，是人才培养的目标之所在，还体现在学生要深入参与到教学活动中来，真正成为课堂的主人，提升自主学习能力，主动探寻知识，提升自我。教学活动不是一种单向的知识灌输，而是"教"与"学"的互动。学生作为知识的接收者，在接受知识的同时，要参与到评价的过程中去。

（二）科学设计评价内容

完善创新创业人才培养评价机制，不仅需要促使评价主体的多元化发展，还要科学构建人才培养评价的具体内容。评价内容是评价机制的主体部分，是评价机制能否科学运行的关键。

科学设计评价内容，首先要保证评价内容的全面性。完善评价机制的目的是通过科学的评价方式，全面评估整个创新创业育人过程，以保证人才培养过程的科学性，实现理想的人才培养目标。在创新创业人才培养评价机制中，不同的评价主体要根据学校的人才培养目标，紧密结合学校的办学特色、办学定位以及社会对于创新创业人才的需要，构建科学、全面的创新创业人才培养评价机制的内容。评价内容应该包括学生对于创新创业相关理论知识与实践技能的掌握、思想道德修养、身心素质、行为规范、语言表达能力、团队协作能力、沟通交流能力、创新意识、职业技能以及对教师个人综合素质、学校办学质量、实践平台建设与运行情况、成果转换效率的评价等。在创新创业人才培养机制中，评价内容与指标的覆盖范围一定要广，只有保证评价内容能够全面覆盖人才培养的各个环节和各个要素，才能保证人才培养评价机制能够真正发挥应有的功能。

科学设计评价内容，还需要保证评价内容结构的合理性。我们在进行创新创业人才培养评价的时候，不仅要保证评价的内容能够覆盖人才培养的各个环节与要素，还要科学设置各评价要素的合理比重。因为评价机制对于人才培养具有重要的导向作用，所以各评价要素的比重代表着创新创业人才培养各环节的重要性，合理设置评价内容的比重，就是科学设置课程，保证人才培养质量的重要途径。

（三）采用多元化评价方式

完善创新创业人才培养评价机制，还要创新多元化评价方式。要在原有定量评价的基础上，科学进行定性评价，实现定性评价与定量评价的充分结合。

在传统的人才培养评价机制中，定量评价一般使用较多，这是因为定量评价具有客观化、标准化、精确化、量化、简便化等鲜明的特征，只要按照既定的评价方式进行测试与计算，就能够得到相对精确且直观的评测结果。但同时，定量评价也有其固有的缺点，即定量评价往往过于关注数据层面的信息，无论是在测评内容还是在测评方式上，均强调共性、稳定性与统一性，单一采用定量评价的评价方式，过分依赖纸笔测验的形式。有些内容勉强量化后，只会流于形式，且忽略评价对象的个性发展，忽视一部分难以进行量化的重要品质与行为，并不能全面、科学地反映评价对象的状态与性质。

定性评价则一般不采用数学量化计算的方法，而是根据评价对象日常的表现、思维水平与实践能力等，对评价对象作出定性结论的价值判断。定性评价强调观察、分析、评价与描述，其更加关注学生在"质"这一方面的发展，重视人才培养结果与人才培养目标之间的一致性，重视评价对象个性的发挥，是具有实质性内容的一种评价机制。相较于定量评价，定性评价更具现代人本思想和发展性评价的理念。因此，伴随着时代的发展和教育理念的不断革新，定性评价越来越成为评价人才培养质量的重要手段。当然，定性评价也具有其自身的不足，即没有相对统一、固定的评价标准与评价方法，受主观因素影响较大。

综上所述，定性评价与定量评价各自具有不同的优点，同时，两者均存在一定的不足，因此，在创新创业人才培养机制完善的过程中，要坚持定性评价与定量评价相结合，在对人才培养的各项指标进行精准测量的基础上重视评价对象整体素质的提升与个性的发展，做到全面评价、精准评价与科学评价。

第四节　健全整合机制

整合机制是立足校企协同育人的实践，在产教融合理念指导下对于创新创业人才培养各方面教育资源的整合。创新创业人才培养涉及的教育主体多，涉及的教育资源多样，教学环节繁杂，只有明确人才培养目标，并围绕这一目标实现人才培养主体、教育资源以及教学环节的整合，才能切实推进人才培养取得理想的效果。

一、整合机制的概念

"整合"的意思是将零散的东西按照一定的规律与模式进行有效衔接，从而实现信息系统的资源共享和协同工作，使之共同组成一个具有特定功能指向的系统。在具体的实践中，整合主要包括资源的整合、利益的整合、功能的整合以及不同功能主体的整合等。根据我们之前阐述过的"机制"的定义，整合机制指的是将系统中的不同元素通过一定的机制有机联系在一起，形成一种涵盖多种元素的内在工作方式。这种内在工作方式的主要任务是统整不同主体的资源优势，实现资源的合理配置，促进系统科学高效地发展。

整合机制能够通过科学的组合方式，使系统中的各要素能够进行有效衔接与互动。对不同系统、不同层次的资源进行有效配置，是优化资源配置，提升系统创造价值效率的重要方式。创新创业人才培养涉及众多主体与元素，如何将这些主体与元素统整成一个高效率的系统，对于创新创业人才培养来说具有重要意义。

二、整合机制的特点

（一）整体性

整体性是整合机制最为显著的特性。整合机制的目的就是实现各元素的科学组合与不同资源的合理配置，整合机制的构建与运行过程就是将零散的元素进行有效衔接，并创造出更多价值的过程。

整合机制重视整体功能的发挥，失去了整合机制，各个元素是不具备整体的功能及强大的价值创造的能力的。比如，在创新创业人才培养中，高校是人才培养的主导者，具备高素质的师资队伍与丰富的教育资源，但是高校承担的不同专业的教育任务繁重，且所具备的物质资源有限，因此，难以独自开展内容丰富的实践教学，这就需要其他教育主体加入，与高校共同开展人才培养。又如，在产教融合的大背景下，企业深入参与到人才培养的过程之中，但是，企业毕竟是以营利为主要目标的组织，其主要任务是获取更高的经济利益而非进行人才培养，企业的各项资源也并非以教育为指向进行配置，因此，企业虽然是重要的人才培养主体，但是，其不能单独完成人才培养的任务。

整体性不仅体现在系统的结构之中，还体现在整合机制以及整个系统的运行过程之中。以创新创业人才培养系统为例，创新创业人才培养的开展依赖多元主体的协同配合，无论是高校还是企业，任何主体都不能仅依靠自身的资源独立进行人才培养，与此同时，人才培养的各个环节是需要有密切的内在逻辑联系的，不同的人才培养内容能够帮助学生构建相对完善的知识与技能体系，不同环节的人才培养目标也需要与人才培养的总体目标相统一。

（二）价值性

价值性是整合机制的根本属性之一，健全整合机制的目的是帮助系统实现更合理的资源配置，使系统中的不同主体有机联系在一起，进而形成一个有价值有效率的整体。价值在哲学上属于关系的范畴，指的是客体能够满足主体需要的效益关系，属于表示客体的属性和功能与主体需要间的一种效用、效益或效应关系的哲学范畴。在社会发展实践中，我们判断一个事物是否具有价值，一般观察其是否符合社会发展的客观规律，是否能够在当前时代中推动实践的发展。

在创新创业人才培养系统中，无论是不同类型的人才培养主体还是各种人才培养资源，都在创造价值的过程中发挥着重要的作用，但单独的人才培养主体或者有限的资源，其创造价值的能力是有限的，整合机制就是通过将不同类型的功能主体与丰富的资源整合到一起，最终实现系统创造价值能力的大幅提升。通过健全整合机制，能够实现人才培养质量的提升，培养出更多高素质的创新创业人才，进而创造更多的价值，推动社会的发展，因此，从整合机制所能发挥的功能来看，其同样具有鲜明的价值性。

（三）利益性

利益性是整合机制的重要属性。整合机制的利益性主要体现在两个方面：其一，整合机制的目的是获得更大的利益；其二，整合机制的实现过程也是不同主体追求利益的过程。

首先，整合机制的目的是通过优化资源配置，整合功能主体来获得更大的利益，这既是整合机制存在的目的，也是整合机制的核心作用。整合机制将拥有不同资源优势的主体有机组合在一起，形成新的发展系统，实现一加一大于二的效果。在创新创业人才培养中，人才培养的最终目的是培养高素质的创新创业人才，促进学生全面发展，而单一的人才培养主体是难以依靠自身的力量来实现这一目标的，因此，在高校创新创业人才培养之中，高校主要负责理论知识的教学与创新思维的训练，企业主要负责实践技能的培养与实践经验的累积，政府与实践教育平台则为学生创新创业实践提供全方位的资源支持。而这一切的目的，就是培养和提升学生的创新创业素质，促进学生的全面发展。在这一过程中，各主体功能各异、协同配合、缺一不可。

其次，整合机制的实现过程也是不同主体追求利益的过程。事物发展的目的就是获得更多的利益，创造更多的价值，整合机制之所以能够将拥有不同利益诉求的主体有机结合在一起，就是找准了不同主体的利益契合点。比如，在创新创业人才培养中，企业的目的是追求更高的经济效益，而高校的目的则是促进学生的全面发展，为社会的发展提供源源不断的高素质人才，实现更多的社会效益。高校与企业之间的利益诉求有着显著的不同，但在协同育人的过程之中，高校与企业均能通过资源的整合实现自身的利益追求。对于高校来说，协同育人能够帮助高校提升人才培养的质量，促进学生综合素质的全面发展，实现更多的社会效益。对于企业来说，人才培养的整合机制同样能够为其带来巨大的利益。在创新创业人才培养的过程之中，企业既是人才的培养主体，也是人才的需求方。人是实践的主体，企业的发展离不开高素质人才，企业通过与高校联合展开人才培养，能够发现和培养更多的人才，并进一步使更多的高素质人才为己所用，不断提升自身的人力资源优势。同时，企业深入参与人才培养，能获得政策的支持，有利于自身的进一步发展。因此，在创新创业人才培养的过程中，整合机制的健全过程也是不同主体利益整合的过程。

三、高校创新创业人才培养整合机制的健全路径

（一）以利益为纽带整合人才培养主体

利益指的是对人或物有良性影响的事物，在社会学领域指的是人类用来满足自身欲望的一系列物质和精神的产品。在当今社会，对利益的追求是事物发展的内生动力，也是不同类型的主体开展实践的动力源泉。创新创业人才培养作为当今时代的一种重要的教育实践活动，包含众多实践主题。不同主体参与创新创业人才培养的目的是实现自身的利益诉求。因此，以利益为纽带整合创新创业人才培养主体，首先需要明确不同主体的利益诉求分别是什么。

创新创业人才培养的主体众多，包括高校、企业、政府、学生等。众多的参与主体使得创新创业人才培养体系复杂化。开展创新创业人才培养，必须重视主体的整合。只有实现主体的整合，才能系统推进创新创业人才培养实践。

创新创业人才培养的不同主体的利益诉求各有不同。

高校具有丰富的教育资源与科研资源，是人才培养的主导者。高校的利益诉求主要有两点。一是促进学生全面发展，为社会发展提供高素质人才。这是高校重视社会效益的体现，也体现了高校作为非营利组织

的本质特性，还是高校的主要目的。二是提高办学水平。提高办学水平是提高教学质量、培养高素质人才的前提条件，也是提升学校竞争力、吸引更多优质生源的重要途径。

对于企业来说，经济效益是主要的利益诉求，这也体现了企业的本质特性。企业是按照一定的组织规律构成的经济实体，一般以营利为目的。生产与经营活动是企业主要的实践方式。企业的使命就是通过营利性活动实现投资人、客户、员工和社会大众的利益最大化。企业也承担着重要的社会责任，追求社会效益的实现，但这些目标的实现建立在企业赢利、存续、发展的基础上。总之，经济效益是企业的核心利益诉求，是企业开展不同类型实践的重要考量。

政府追求社会效益，这主要体现在政府的性质与政府的职能上。从政府性质的角度来看，政府是进行社会管理的国家机关，代表着社会公共权力，一般以公共利益诉求为服务目标，组织结构具有较强的整体性，是维护社会运行秩序、制定和实施公共决策、组织社会建设的权威性机构。政府注重公共利益的维护，其工作的基本宗旨是为人民服务。从职能的角度来看，政府发挥职能的过程就是政府追求其利益的过程。政府的职能涉及人民生产、生活的各个方面，包括政治决策、经济建设、文化发展、秩序维护等方面。我国政府以人民为中心，为人民服务，对人民负责。我国政府的主要职能分为四个方面：政治职能是保障人民民主和维护国家长治久安；经济职能是经济调节、公共服务、市场监管与社会管理；文化职能包括马克思主义科学理论的宣传和教育、支持科教文卫事业的发展、推进教育和文化事业的改革以及提升国家的软实力；公共服务职能包括基础公共服务、经济公共服务、社会公共服务以及公共安全服务。从政府职能中可以看出，政府是以追求社会效益为核心目标的。

大学生的核心利益诉求是实现个人的价值，包括满足自身生存、被尊重及发展的需要。大学生实现自我价值的主要途径是提升自身素质，实现良好就业。大学生自我价值的实现也与创新创业人才培养的目的相吻合。

通过对不同主体利益诉求的分析可以看出，在创新创业人才培养的过程中，不同参与主体的利益诉求既有共同点，也有不同之处。健全创新创业人才培养整合机制，需要实现不同主体的整合，使不同的主体能够充分参与人才培养的过程。这就需要在充分认识各主体利益诉求的基础上，寻求不同主体利益的结合点，以共同利益为纽带将不同主体联结在一起，实现不同主体的整合。高校与政府追求社会效益，企业追求经济效益，学生谋求自身的发展。要实现多主体利益的契合，政府需要为创新创业人才培养提供足够的政策支持，为参与人才培养的企业提供优惠政策，为学生的就业提供帮助。高校与企业需要充分配合，共同进行人才培养，共享人才培养的成果，打通企业与学校之间的通道，既促进高校毕业生就业，又为企业提供高素质人才。

（二）以实践平台为依托整合教育资源

创新创业人才培养具有显著的实践性。若想有效提高实践教学质量，需要充分发挥创新创业实践教学平台的作用。创新创业实践教学平台是培养学生创新创业意识的重要依托，是课堂之外重要的人才培养基地。学生创业能力应该在实践中培养和提升。学生应该在真实的创业实践活动中获得真实的体验和感受。

高校应该利用好现成的实践平台，并注重开辟新的实践平台，如大学生孵化基地、科技创意园、创业实践教育基地、创新创业示范基地等。高校应该鼓励有创业意愿的大学生去对口的创业基地参观、学习，并为学生创造条件，让学生参与一些具体的工作，让学生在职业锻炼中提高创业能力，这既符合学生的个人发展愿望，也满足了学生能力培养的需要。学生在实践锻炼的过程中能够强化创新创业意识，确立创新创业信念，激发创新创业热情。

创新创业实践平台能够将不同主体的教育资源整合到一起，这是实践平台在人才培养中的显著作用之一。政府、高校、企业以创新创业实践平台为基础，全方位、多层次、高质量地搭建创新创业人才培养系统，学校提供师资与智力支持，政府充分发挥政策导向作用，为创新创业实践平台的建设与人才培养提供政策支持，企业则为人才培养提供实践环境与经验指导。通过创新创业实践平台，可以让学生享受更多的高质量教育资源，全面提升自身的创新创业素质。

创新创业实践平台还为学生创业能力的表现和发挥提供时间和空间相统一的社会平台，成为大学生创新创业能力外显、行为外化的中介和媒体。对于大学生来说，拥有一项独当一面的技能对其就业来说十分重要，毕竟当前各个行业的竞争都十分激烈，许多企业没有足够的时间与精力去从头开始培养人才，因此，掌握具体的实践技能将非常有利于学生走向社会。

创新创业实践平台还具有整合信息资源的优势，由于创业实践平台的参与主体众多，其信息的获取渠道也非常多。不同主体可以通过创新创业实践平台进行信息交流，更好地推进创新创业人才的培养。

（三）以校企协同为核心整合教学环节

健全高校创新创业人才培养整合机制，还需要从教学环节层面对人才培养的各部分内容进行整合。创新创业人才培养涉及的教学环节与教学内容非常多，这里的"多"，指的并不是创新创业的课时与教学内容量比其他课程多，而是其涉及的对于学生知识与能力的开发环节非常多。创新创业人才培养包括对于学生创新思维与创新意识的培养和提升、创新方法与创新技巧的教学、创业知识的教授、创业环节的教学、创新创业综合素质的提升以及创新创业与自身专业的融合等。创新创业人才培养兼具理论教学与实践教学，人才培养主体众多，人才培养内容丰富、人才培养方式灵活，因此，若想实现理想的创新创业人才培养效果，就必须整合人才培养的各个环节，而具体教学环节的实施是由人才培养主体来完成的，因此，整合教学环节的工作要由人才培养主体来主导。我们在前边提到，创新创业人才培养需要以主体的整合为前提，而人才培养最重要的两大主体就是高校与企业，所以，整合教学环节必须以校企协同为核心。

校企协同的主要内容就是校企充分调动各自的资源共同进行创新创业人才培养，共同制订完善人才培养方案，并进行人才培养实践。政府在校企合作协同育人方面要发挥主导作用，充分发挥自身的政策导向作用，协调高校和企业共同制订完善的人才培养方案，激励企业与社会各界的力量参与高校人才培养。政府要制定相关政策，明确学校和企业的权利与义务，并采取减免税收或资金支持等方式鼓励企业为学生提供实训与就业岗位，激发其加强校企合作协同育人的内生动力。

创新创业人才培养的教学环节主要可以分为理论教学与实践教学两大类。高校拥有优质的教育资源，主要承担理论教学的任务，而企业则拥有丰富的市场经营管理经验，因此，其主要承担实践教学的任务。要整合人才培养环节，促进校企合作协同育人的高质量、可持续发展，不仅需要校企之间建立良性互动的关系，还需要高校真正想企业之所想，解决企业发展的需求，赢得企业的信任和大力支持。企业则应充分发挥自身人才培养主体的作用，勇于担当社会责任，与高校一道，为学生提供良好的实践教学环境，并进一步实现创新创业人才培养各个环节的整合。

整合教学环节，还需要注重各环节之间以及具体教学内容之间的连续性与内在逻辑性。创新创业素质，包括创新思维与创业能力在内，其提升并不是一朝一夕能够完成的，需要学生在学习的过程中不断积累、内化进而取得提升。因此，创新创业人才培养的各个环节，其教学内容必须具有内在的逻辑联系性，既要符合市场对于人才知识与技能结构的需求，也要符合教育的一般规律与学生认知发展的特点。

参考文献

[1] 中共中央马克思恩格斯列宁斯大林著作编译局 . 马克思恩格斯文集：第五卷 [M]. 北京：人民出版社，2009.

[2] 中共中央马克思恩格斯列宁斯大林著作编译局 . 马克思恩格斯文集：第二卷 [M]. 北京：人民出版社，2009.

[3] 中共中央马克思恩格斯列宁斯大林著作编译局 . 马克思恩格斯文集：第三卷 [M]. 北京：人民出版社，2009.

[4] 王景辉，王丹丹，李文涛 . 大学生创新创业 [M]. 成都：电子科技大学出版社，2018.

[5] 沈丹，杨百忍，孟昕 . 大学生创新创业教育 [M]. 南京：河海大学出版社，2021.

[6] 颜弘 . 大学生创新创业教程 [M]. 哈尔滨：哈尔滨工程大学出版社，2019.

[7] 单林波 . 大学生创新创业思维与方法研究 [M]. 北京：中国商务出版社，2020.

[8] 王东亮，刘志欣 . 众创空间与大学生创业研究 [M]. 北京：北京工业大学出版社，2019.

[9] 王克 . 高校创新创业探究 [M]. 北京：北京时代华文书局，2021.

[10] 潘斌 . 高校创新创业人才培养模式研究 [M]. 西安：世界图书出版西安有限公司，2018.

[11] 耿丽微，赵春辉，张子谦．高校大学生创新能力培养与创业教育研究 [M].
成都：电子科技大学出版社，2017.

[12] 虞新学．创新思维研究 [M].北京：中国铁道出版社，2020.

[13] 刘治．大学生创新创业 [M].沈阳：东北大学出版社，2020.

[14] 张晓华．大学生创新创业教育路径探究 [M].北京：北京航空航天大学出版社，2020.

[15] 李明慧．大学生创新创业理论与技能指导 [M].成都：四川大学出版社，2021.

[16] 刘常国，王松涛，宋华杰．高校创新创业优质教育资源建设与实践研究 [M].北京：北京工业大学出版社，2020.

[17] 曾绍玮，李应．高校创新创业教育探索与实践研究 [M].成都：电子科学技术大学出版社，2021.

[18] 方法林，孙爱民．基于"创新创业 +"的人才培养模式研究与实践 [M].北京：旅游教育出版社，2017.

[19] 王庆金，周雪．创新创业型人才协同创新培养机制及系统设计 [M].北京：中国社会科学出版社，2018.

[20] 张景亮．大学生创新创业管理与人才培养模式研究 [M].长春：吉林科学技术出版社，2020.

[21] 王万山，黄建军，彭清宁．创新创业型人才培养及教学方法改革研究 [M].南昌：江西人民出版社，2008.

[22] 杨日星．大学生创新创业人才培养研究 [M].北京：九州出版社，2020.

[23] 刘宝忠．大学生创新创业精神培育研究 [D].牡丹江：牡丹江师范学院，2019.

[24] 孙志鹏．中国大学生创新创业政策协同评价研究 [D].郑州：华北水利水电大学，2019.

[25] 徐波．大学生创新创业教育体系构建研究 [D].广州：广东财经大学，2019.

[26] 孔宇航．大学生创新创业素质评价研究 [D].大连：大连理工大学，2019.

[27] 姚大伟.大学生创新创业意识培育研究 [D].南昌：东华理工大学，2017.

[28] 石娟."互联网 +"视域下大学生创新创业的机遇与挑战 [D].成都：四川师范大学，2018.

[29] 张媚.个性化教育视角下大学生创新创业能力培养研究 [D].西安：长安大学，2017.

[30] 钱玲玲.地方综合性高校创新创业课程体系研究：以 N 大学为例 [D].南昌：南昌大学，2022.

[31] 王生龙.高校创新创业实践教学研究 [D].北京：北京邮电大学，2018.

[32] 张彩霞.教育供给侧改革下高校创新创业教育对策研究 [D].哈尔滨：黑龙江大学，2018.

[33] 王昕.高校创新创业孵化管理系统的设计与实现 [D].哈尔滨：黑龙江大学，2017.

[34] 张兰.校企协同创新创业人才培养体系的研究 [D].哈尔滨：哈尔滨理工大学，2014.

[35] 杜先颖.大学生创新创业精神培育研究 [D].天津：天津工业大学，2018.

[36] 张一青.新时期大学生创新创业教育研究 [D].西安：西安建筑科技大学，2018.

[37] 王小萌.地方高校创新创业教育优化策略研究：以 L 大学为例 [D].沈阳：沈阳师范大学，2022.

[38] 董颖.地方高校创新创业教育课程体系研究：以 S 大学为例 [D].沈阳：沈阳师范大学，2022.

[39] 吴惠.高校创新创业教育与专业教育融合共生的路径研究：以江苏省 C 大学为例 [D].常州：常州大学，2022.

[40] 彭慧焱.高校创新创业教师胜任力模型研究 [D].北京：北京邮电大学，2022.

[41] 刘珍.地方本科高校创新创业教育生态系统构建 [D].衡阳：南华大学，2022.

[42] 蒋欣. 大学生创新创业之高校服务体系优化研究 [D] 徐州: 中国矿业大学, 2022.

[43] 舒霞玉. 我国高校创新创业教育课程建设研究 [D]. 长沙: 湖南大学, 2023.

[44] 梁景怡. 高校创新创业教育师资队伍建设研究: 以天津市 Z 学院为例 [D]. 天津: 天津财经大学, 2021.

[45] 徐倩倩. 新时代人才观视域下高校创新创业人才培养研究 [D]. 温州: 温州大学, 2022.

[46] 唐允, 陈怡, 代峰. 地方高校创新创业人才评价体系研究 [J]. 湖北理工学院学报 (人文社会科学版), 2022 (4): 46-53.

[47] 陈瑕, 任洪. 应用型高校创新创业课程模式改革及成效研究 [J]. 创新创业理论研究与实践, 2022 (12): 150-153.

[48] 王丙龙, 赵河明, 武瑞芳. 高校创新创业人才培养机制探索与研究 [J]. 创新创业理论研究与实践, 2022 (8): 73-75.

[49] 王彦飞. 产教融合背景下高校创新创业教育的发展现状和路径分析 [J]. 创新创业理论研究与实践, 2022 (4): 58-60.

[50] 李晓菲, 李晓明. 高校创新创业教育与大学生创业能力研究 [J]. 黑龙江科学, 2021 (23): 68-69.

[51] 张保华. "双创" 时代构建高校创新创业教育体系的思考 [J]. 教育观察, 2021 (42): 44-46.

[52] 达巴姆. 信息化背景下大学生创新创业能力提升研究 [J]. 科技资讯, 2022 (13): 254-256.

[53] 赵海静, 门晓宇. 校企合作对大学生创新创业能力培养的研究 [J]. 金融理论与教学, 2022 (3): 117-118.

[54] 周文文. 校地协同理念下大学生创新创业实践路径探析 [J]. 投资与创业, 2022 (10): 32-34.

[55] 刘夏菡. 大学生创新创业能力研究 [J]. 西部素质教育, 2022 (8): 4-7, 22.

[56] 宋智华.高校大学生创新创业及就业能力培养路径 [J].人才资源开发，2022（6）：42-44.

[57] 仲旦彦，闫秋羽.个性化教育视域下大学生创新创业能力培养分析 [J].创新创业理论研究与实践，2022（3）：123-125.

[58] 任伟吉.基于双创背景的大学生创新创业激励机制研究 [J].黑龙江人力资源和社会保障，2021（20）：142-144.

[59] 林祯辉.大学生创新创业能力培育路径研究 [J].创新创业理论研究与实践，2021（21）：121-123.

[60] 季盼靖.大学生创新创业能力培育路径探究 [J].产业创新研究，2022（6）：157-159.

[61] 顾自卫.大学生创新创业素质能力培养与提升策略 [J].中国市场，2022（6）：98-99.

[62] 尹洁，程智浩，高浩为，等.高校创新创业教育与专业教育融合模式研究 [J].高教学刊，2022（35）：37-40.

[63] 王娜.高质量高校创新创业教育体系的构建 [J].高校辅导员学刊，2022（6）：13-17.

[64] 陈林辉.新时代高校创新创业教育质量评价的优化路径 [J].学校党建与思想教育，2022（22）：75-77.

[65] 郁震，高伟，陈颖辉.我国高校 PBL 创新创业型人才培养模式之初探 [J].中国青年科技，2008（1）：47-52.

[66] 吴红霞，刘雪芹，蔡文柳.基于模糊综合评价的高校创新创业型人才培养质量评价 [J].华北理工大学学报（社会科学版），2017（1）：125-129.

[67] 王春香.辅导员在培养创新创业人才中的定位和作用研究 [D].成都：西华大学，2020.

[68] 张福利，郭文娟，韩美凤.创新创业型人才培养体系研究 [J].中国大学生就业，2018（1）：34-36，43.

[69] 蒋菲，郭淼磊.高校创新创业教育"四链融合"发展的理论逻辑、现实

困境及对策审思 [J]. 大学教育科学，2023（5）：76-84.

[70] 中华人民共和国教育部高等教育司 . 创业教育在中国：试点与实践 [M]. 北京：高等教育出版社，2006.

[71] 姜彦福，高建，程源，等 . 全球创业观察 2002 中国报告 [M]. 北京：清 华大学出版社，2003.

[72] 侯慧君，林光彬 . 大学生创业教育蓝皮书：大学生创业教育实践研究 [M]. 北京：经济科学出版社，2011.

[73] 曹胜利，雷家啸 . 中国高校需要怎样的创新创业教育 [N]. 中国教育报， 2010-01-13（5）.

[74] 胡进 . 高校创业教育体系建设浅析 [J]. 中国成人教育，2011（19）： 67-69.

[75] 蔡禾 . 社会学学科的话语体系与话语权 [J]. 社会学评论，2017，5（2）： 28-32.

[76] 盛红梅 . 新时代大学生创新创业价值观研究 [D]. 长春：东北师范大学， 2021.

[77] 宋妍，王占仁 . 论当代大学生创新创业价值观的引领 [J]. 国家教育行政 学院学报，2017（11）：52-57.